若水河畔

——答大学新生的101问

主　编　丁志卫　林　涛
副主编　武红阵　梅　钰　高　雨　景仕荣

苏州大学出版社

图书在版编目(CIP)数据

若水河畔:答大学新生的101问/丁志卫,林涛主编. —苏州:苏州大学出版社,2020.10
ISBN 978-7-5672-3366-9

Ⅰ.①若… Ⅱ.①丁… ②林… Ⅲ.①大学生-学生生活-问题解答 Ⅳ.①G645.5-44

中国版本图书馆 CIP 数据核字(2020)第 203242 号

若水河畔
——答大学新生的 101 问

丁志卫 林 涛 主编

责任编辑 周建兰

苏州大学出版社出版发行
(地址:苏州市十梓街1号 邮编:215006)
宜兴市盛世文化印刷有限公司印装
(地址:宜兴市万石镇南漕河滨路58号 邮编:214217)

开本 700 mm×1 000 mm 1/16 印张 6 字数 99 千
2020 年 10 月第 1 版 2020 年 10 月第 1 次印刷
ISBN 978-7-5672-3366-9 定价:19.00 元

若有印装错误,本社负责调换
苏州大学出版社营销部 电话:0512-67481020
苏州大学出版社网址 http://www.sudapress.com
苏州大学出版社邮箱 sdcbs@suda.edu.cn

写在前面

　　带着对未来无限的憧憬和美好的期待，我们背起行囊，走进大学的校门。

　　我们忐忑，我们茫然。我们不知道，将面临怎样的一个环境。我们不知道，将遭遇怎样的一群人。我们更不知道，我们的未来究竟是什么。一切都是陌生的，陌生的环境，陌生的人。

　　我们紧张，我们焦虑。我们不知道，遇到了困难，有谁会伸出援助之手。我们不知道，心中的疑惑，有谁为我们解答。我们更不知道，我们的大学生活将如何度过。过去熟悉的一切，都已经成为如烟往事。

　　我们知道，从前的努力学习，是为了走进大学。但我们不知道，走进了大学，我们又该做什么。

　　我们知道，我们已经长大，即将开始独立生活。但我们不知道，我们需要承担什么样的责任，又有什么样的任务在等待着我们。

　　我们衷心地期待，拥有一个新的开始，能够愉快地度过我们的大学时光，在人生青春最绚烂的日子里，写下浓彩重笔，留下一段美好的回忆，不负青春，不负韶华。我们衷心地希望，通过我们的努力，能够不断地成长和成熟，昂首挺胸，满怀自信，大踏步地走向前方，尽情地展开我们的双臂，拥抱美好的未来。

　　《若水河畔——答大学新生的101问》将回答大学新生的种种疑问，为我们的大学生活保驾护航！

丁志卫
2020年8月1日星期六

编者按

《若水河畔——答大学新生的101问》分两个部分，主体部分共设计了101个问题，面向所有的大学新生，为他们即将或已经开启的大学生活答疑解惑。101个问题由从事学生思想工作一线的5位青年教师负责收集，源自每一年级刚进校大学新生真实的思想困惑和生活实际。这101个问题也由5位青年教师负责解答。他们各自从不同的角度，逐一发表自己对这些问题的看法，不一定全面，甚至彼此之间对同一问题的观点也不尽相同。因为很多问题并没有统一的标准答案，而不同的人观点不一致也是很正常的事情。我们希望通过这样一种答疑解惑的方式，启迪大学新生们独立地思考，用思辨的方式找到自己的答案。当然，我们希望这种方式，能让这本教材更加生动，更贴近大学新生的学习习惯，更能为他们所接受。

《若水河畔——答大学新生的101问》的第二部分为附录部分。同样设计了101个问题。因为这本教材的编写者都来自苏州工业园区服务外包职业学院，我们更多地希望为本地区、本校的学生提供更多的答疑服务。我们设计了关于苏州的基本知识、苏州工业园区的基本知识以及关于学校本身的相关问题。既有传承文化的意图，让在此学习的大学新生了解自己第二故乡的种种，也为他们将来可能留在这方热土工作和生活打下良好的基础。而关于学校方面的，更多的是生活指南，帮助大学新生们尽快地了解学校，尽快地适应大学生活，开启人生新的篇章。

五位教师简介

林上清风：

真实姓名林涛，校团委书记、校人武部部长，硕士，毕业于广西艺术学院。曾荣获江苏省优秀共青团干部、苏州市优秀团干部、苏州市优秀共青团员、江苏省"创青春"优秀指导老师、园区教育系统优秀共产党员、学校优秀共产党员、学校师德标兵、全国优秀共青团干部苏州提名奖等十余项荣誉称号。

岗位心得：做学生的良师益友。

踏雪无痕：

真实姓名武红阵，校安全保卫部副部长，毕业于苏州大学政治与公共管理学院，曾获2017年江苏省高校辅导员年度人物提名奖，2020年学校抗击疫情先进个人。

岗位心得：尽力做事只能把事情做完，用心做事才能把事情做好！坚忍图成！

小钰：

真实姓名梅钰，信息工程学院团总支书记，毕业于苏州科技大学，现硕士就读于南开大学周恩来政府管理学院，信息工程学院团总支书记。喜欢旅游，热爱美食。曾获得苏州市高职高专学生工作先进个人、校优秀德育工作者、校优秀共产党员、校优秀党务工作者、校就业工作先进个人等十余项荣誉称号。

岗位心得：学一学，缓一缓，看一看，静一静。

> **小雨：**

　　真实姓名高雨，数字艺术学院团总支书记，硕士毕业于苏州大学。平时爱好健身运动，获得过市级思想政治教育工作案例二等奖，校师德标兵、优秀德育工作者、优秀团务工作者、优秀党员等十余项荣誉称号。

　　岗位心得：爱笑的人运气都不会太差。

> **景大大：**

　　真实姓名景仕荣，校金牌社团龙舟队主教练，硕士，毕业于南京农业大学。爱好运动，尤其对龙舟这项传统项目情有独钟。曾获江苏省优秀辅导员、盐城市敬业爱生先进个人、江苏省金鸡湖龙舟赛优秀教练员、校优秀共产党员、校优秀德育工作者、常年教学质量考核优秀奖。

　　岗位心得：努力到登峰造极，拼搏到感动自己。

目录 Contents

一、综合篇

问 001：为什么要读大学？ / 2
问 002：大学和中学有什么不一样？ / 2
问 003：名牌大学和普通大学有什么区别？ / 2
问 004：进入大学后要做的第一件事是什么？ / 3
问 005：进入大学后要关注什么？ / 4
问 006：有人说，大学生活很轻松。这是真的吗？ / 4
问 007：大学生真的可以随便逃课吗？ / 5
问 008：大学里，老师真的不大管学生吗？ / 5
问 009：大学里，是知识更重要还是能力更重要？ / 6
问 010：大学主要开设哪些课程？ / 6
问 011：如何成为一名优秀的职业人？ / 7
问 012：走进大学校门，总感觉焦虑、忐忑和恐惧，怎么办？ / 7
问 013：学校对大学生有哪些红线（禁止性）规定？ / 8
问 014：如何培养自身的德行和完美人格？ / 8
问 015：大学生可以结婚吗？ / 9
问 016：大学所学非所用，分专业还有意义吗？ / 9
问 017：我不喜欢自己所学的专业，怎么办？ / 10
问 018：如何制订职业生涯规划？ / 11
问 019：大学三年如何度过才不算虚度年华？ / 12
问 020：如何获取大学的相关信息？ / 12

二、学习篇

问 021：大学里学习任务重吗？／ 16
问 022：大学里学什么？／ 16
问 023：大学里有哪些地方可以供我们自由学习？／ 16
问 024：英语重要吗？／ 17
问 025：大学里如何应对考试？／ 17
问 026：大学里可以选课吗？／ 18
问 027：考试不及格对今后有什么影响？／ 18
问 028：大学里的专转本、专接本、专升本有区别吗？／ 19
问 029：怎么样才能喜欢上自己所学的专业？／ 19
问 030：如何适应大学里的学习氛围？／ 20
问 031：加入学生社团有什么好处？／ 20
问 032：如何让自己成为一名优秀的大学生？／ 21
问 033：在大学里如何发展兴趣、爱好？／ 21
问 034：学校有哪些帮助贫困学生的方式？／ 22
问 035：可以到校外勤工俭学吗？／ 22
问 036：可以去旁听非本专业的课程吗？／ 22
问 037：怎样才能学好专业课？／ 23
问 038：学校有哪些渠道可以锻炼自己的能力？／ 23
问 039：从部队退伍复学后，学校有哪些额外奖励性政策？／ 24
问 040：如果不能完成军训任务，会有什么后果？／ 24

三、生活篇

问 041：大学里处理好人际关系真的很重要吗？／ 26
问 042：假期中如何寻找适合自己的工作？／ 26
问 043：有老乡让我参加老乡聚会，可以吗？／ 27
问 044：同学们都不愿意打扫宿舍，怎么办？／ 27
问 045：宿舍同学作息不规律，怎么办？／ 28
问 046：迁转户口有何利弊？／ 28

问 047：我暂时交不了学费，怎么办？／29
问 048：学校对大学生宗教信仰持什么态度？／29
问 049：我和宿舍同学关系不好，想换个宿舍，行吗？／30
问 050：如何与宿舍同学处理好关系？／30
问 051：我被诈骗了，怎么办？／31
问 052：如何交往到真正的朋友？／31
问 053：我可以选择不在学校住宿吗？／32
问 054：物品被偷了，怎么办？／32
问 055：别人向我借钱并且数额较大，该如何处理？／33
问 056：同学经常向我借钱而且不还，怎么办？／33
问 057：网上有不要抵押的贷款，可以贷款吗？／33
问 058：同学之间生活习惯不一样，怎么办？／34
问 059：日常消费不合理、开销过大，怎么办？／34
问 060：我总是无所事事，怎么办？／34

四、发展篇

问 061：做学生干部有什么好处？／36
问 062：新生如何加入中国共产党？／36
问 063：大学生入党，对自己未来的发展有什么好处？／37
问 064：如何成为一名优秀的毕业生？／37
问 065：团支书和班长哪个权力大？／38
问 066：入党申请书有没有固定的格式？／38
问 067：大学新生如何加快自己的思想进步？／39
问 068：大学里升学途径都有哪些？／39
问 069：对大学生自主创业，学校一般可以提供哪些政策支持？／40
问 070：学校有哪些学生组织？／40
问 071：如何选择和加入学校的社团？／41
问 072：学校的社团有几类？加入社团有哪些好处？／41
问 073：学校有哪些团组织？／42
问 074：学校有哪些学生党组织？／42
问 075：如何转移党团关系？／43

问 076：大学生毕业后出路都有哪些？ / 43

问 077：大学生参军入伍有哪些优惠政策？ / 44

问 078：大学生如何报名参军？ / 44

问 079：大学生参加面试有哪些技巧？ / 45

问 080：勤工俭学的单位要求我上夜班，怎么办？ / 45

五、情感篇

问 081：想爸妈了，怎么办？ / 48

问 082：如何调节心理压力？ / 48

问 083：如何释放心理压力？ / 48

问 084：向对方表达爱意被拒绝，如何走出来？ / 49

问 085：怎样才能获得美好的爱情？ / 49

问 086：如何消除嫉妒心？ / 49

问 087：失恋了，怎么办？ / 49

问 088：宿舍同学生活没有规律，想说又怕破坏融洽的关系，怎么办？ / 50

问 089：学习压力大，经常焦虑，怎么办？ / 50

问 090：如何理性地控制住自己的情绪？ / 51

问 091：大学里有真正的爱情吗？ / 51

问 092：真正的爱情是什么样的？ / 51

问 093：情侣就必须发生性行为吗？ / 52

问 094：遇上了三角恋，怎么办？ / 52

问 095：异性朋友如何相处？ / 52

问 096：暗恋不敢表白，怎么办？ / 53

问 097：学业和爱情能一起兼顾吗？ / 53

问 098：大学同学之间的感情没有中学同学之间的感情真挚，对吗？ / 53

问 099：如何拒绝别人对你的告白？ / 54

问 100：大学生可以结婚，这是真的吗？ / 54

问 101：和父母有代沟，怎么办？ / 55

附 录

一、苏州篇

问 001：苏州有多少年的历史？ / 58

问 002：苏州有哪些美称？ / 58

问 003：苏州有哪些别称？ / 58

问 004：吴文化的起源是什么？ / 58

问 005：是谁修筑了苏州古城？ / 58

问 006：苏州现在有多少常住人口？ / 59

问 007：2019 年苏州的 GDP 总量是多少？ / 59

问 008：苏州的行政区是如何划分的？ / 59

问 009：苏州精神是什么？ / 59

问 010：苏州的市花是什么花？ / 59

问 011：苏州有哪些著名的园林？ / 60

问 012：苏州园林有哪些特色？ / 60

问 013：苏州有哪些园林被联合国教科文组织列入《世界遗产名录》？ / 60

问 014：苏州有哪 15 个中国历史文化名镇？ / 60

问 015：苏州有哪些街获得"中国首批十大文化名街"称号？ / 60

问 016：苏州有哪些村被列入中国历史文化名村？ / 61

问 017：苏州现有多少个城门？ / 61

问 018：描写苏州的古诗词有哪些？ / 61

问 019：苏州历史上有哪些名人？ / 61

问 020：苏州有哪些有名的景点是免费的？ / 61

问 021：苏州有哪些值得一游的山景？ / 61

问 022：苏州有哪 16 大美丽的湖泊？ / 62

问 023：苏州的太湖石有什么特点？ / 62

问 024：苏州拥有"江南四大名石"中的哪几块？ / 62

问 025：苏州园林里最大的黄石假山在哪里？ / 62

问 026：苏州最有名的民国建筑群在哪里？ / 62

问 027：苏州有哪些著名的标志性建筑？ / 62

问 028：苏州有哪些博物馆？ / 63

问 029：苏州的最高峰是哪座山峰？ / 63

问 030："在苏州欣赏"红枫漫天"的最佳景点在哪里？ / 63

问 031：在苏州欣赏"梅花漫天雪"的最佳景点在哪里？ / 63

问 032：在苏州欣赏"千树万树梨花开"的最佳景点在哪里？ / 63

问 033：在苏州哪里能欣赏到"秋来银杏黄"的美景？ / 63

问 034：苏州有哪些特产？ / 64

问 035：苏式招牌菜有哪些？ / 64

问 036：苏州的美食街在哪里？ / 64

问 037：苏州有哪些美食？ / 64

问 038：苏州有哪些有名的苏式小吃？ / 64

问 039：苏州的"水八仙"是指哪八样？ / 64

问 040：苏州的"太湖三白"指的是哪三白？ / 64

问 041：苏州有哪些大型图书馆？ / 65

问 042：苏州有哪些大型体育场馆？ / 65

问 043：苏州有哪些繁华的商业街区？ / 65

问 044：苏州有哪些"人类口头和非物质文化遗产"？ / 65

问 045：苏州的昆曲有哪些经典曲目？ / 66

问 046：苏州有哪些传统民俗节？ / 66

问 047：苏州有哪些花树节？ / 66

问 048：苏州现有多少条地铁线？ / 66

问 049：苏州有哪些红色旅游景点？ / 67

问 050：苏州有哪些本科和大专类院校？ / 67

二、园区篇

问 051：苏州工业园区是什么时候开建的？ / 70

问 052：苏州工业园区总产值多少？ / 70

问 053：苏州工业园区有多少人口？ / 70

问 054：苏州工业园区下面有哪些行政区划？ / 70

问 055：苏州工业园区的"园区经验"是什么？ / 70

问 056：苏州工业园区有哪些景点？ / 71

问057：苏州工业园区科教创新区内有哪些高校和科研院所？ / 71

问058：苏州工业园区在全国开发区的地位如何？ / 71

问059：苏州工业园区入驻了哪些世界五百强企业？ / 72

问060：苏州自贸区覆盖了苏州工业园区哪些核心区域？ / 72

问061：苏州工业园区有哪些创新类头衔？ / 72

三、学校篇

问062：苏州工业园区服务外包职业学院是哪一年建立的？ / 74

问063：苏州工业园区服务外包职业学院的"外包"是什么意思？ / 74

问064：苏州工业园区服务外包职业学院的办学宗旨是什么？ / 74

问065：苏州工业园区服务外包职业学院的办学理念是什么？ / 74

问066：苏州工业园区服务外包职业学院的校训是什么？ / 74

问067：苏州工业园区服务外包职业学院倡导什么样的校风？ / 74

问068：苏州工业园区服务外包职业学院倡导什么样的学风？ / 75

问069：苏州工业园区服务外包职业学院共有多少名教师？ / 75

问070：苏州工业园区服务外包职业学院的学生规模有多少？ / 75

问071：苏州工业园区服务外包职业学院的占地面积多大？ / 75

问072：苏州工业园区服务外包职业学院各大楼名称是如何得来的？ / 75

问073：苏州工业园区服务外包职业学院有哪些二级学院？ / 75

问074：苏州工业园区服务外包职业学院有哪些二级行政部门？ / 75

问075：苏州工业园区服务外包职业学院开设哪些专业？ / 76

问076：苏州工业园区服务外包职业学院管理学生学籍的是哪个部门？ / 76

问077：苏州工业园区服务外包职业学院办理学生户口迁转的是哪个部门？ / 76

问078：苏州工业园区服务外包职业学院提供困难补助和勤工俭学服务的是哪个部门？ / 76

问079：苏州工业园区服务外包职业学院负责提供学生创业服务的是哪个部门？ / 76

问 080：苏州工业园区服务外包职业学院负责指导学生就业的是哪个部门？ / 76

问 081：苏州工业园区服务外包职业学院心理咨询中心位于哪幢楼？ / 77

问 082：被偷、被骗后应该找哪个部门报案？ / 77

问 083：学生宿舍设施设备损坏后，应该找哪个部门报修？ / 77

问 084：发现食堂饭菜有问题，应该找哪个部门投诉？ / 77

问 085：苏州工业园区服务外包职业学院有哪些学生组织？ / 77

问 086：学生社团由哪个部门负责、管理和指导？ / 77

问 087：苏州工业园区服务外包职业学院有哪些学生社团？ / 78

问 088：大学生如何申请加入学生社团？ / 78

问 089：大学生如何给饭卡充值？ / 78

问 090：苏州工业园区服务外包职业学院邮寄快件地址在哪里？ / 78

问 091：苏州工业园区服务外包职业学院校内理发店在哪里？ / 78

问 092：苏州工业园区服务外包职业学院每年都有哪些重大学生活动？ / 78

问 093：大学生如何办理请假手续？ / 78

问 094：大学生如何办理休学手续？ / 79

问 095：大学生咨询参军入伍政策，应该找学院哪个部门？ / 79

问 096：苏州工业园区服务外包职业学院医务室在哪里？ / 79

问 097：当你对学院一些做法和规定有异议时，应该到哪里投诉？ / 79

问 098：大学生如何申请校内勤工助学岗位？ / 79

问 099：苏州工业园区服务外包职业学院会给予学生哪些补贴和补助？ / 79

问 100：苏州工业园区服务外包职业学院有哪些校内勤工俭学岗位？ / 80

问 101：大学生必须加入哪几个群？ / 80

一、综合篇

案例:

大一新生小李发现大学可支配的时间较多,却不知道如何合理地安排时间?他习惯了高中时每天被家长、老师安排得满满的,一进大学校园,每天觉得不知所措,上完课之后如何处理大段的空余时间成了他最头痛的问题。

其实大学学习的课程多,课时少,每天的上课密度也不一样,有时甚至会出现一天仅有一二节课的情况。大量的空余时间决定了自主学习是大学生主要的学习方式。同学们在大一的时候,就要确立自己的学习目标,想从事什么职业,想成为什么样的人才,然后根据学院的专业培养目标制订学习计划。可以参照与自己的理想相近的院校的课程安排或者通过多种方式了解一下企业对本专业的学生有哪些专业技能要求和能力要求,看看除了本校的原有课程安排外,还需要补充哪些课程,学习哪些方面的技能。

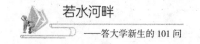
若水河畔
——答大学新生的 101 问

问 001：为什么要读大学？

林上清风：在大学里，有很多的知识等待你学习，有更多的人等待你认识。

踏雪无痕：让我们在更高的起点上进入社会，更快地适应社会，更好地找寻到自己的发展机会和发展平台。

小钰：知识改变命运。

小雨：大学让我们与社会之间多了一个缓冲带，让我们有了一定的时间做准备，从而能更从容地走向社会。

景大大：不上大学，虽然可以创业，但困难很大，尤其是当代科技的发展日新月异。当代创业成功者更多的是高学历、高智商人群。

问 002：大学和中学有什么不一样？

林上清风：从字面上的意思就可以理解。大，说明求学之路已达到一个较高层次。读完大学，你就可以参加工作了。中，中间，中学是一个学习的过渡阶段而已。读完了中学，你还得继续学习。

中学里，老师、家长几乎天天围着你。大学里，几乎没人管，要自己管好自己。

小钰：中学更多的是采取圈养的教学方式，封闭式管理，大学大多采取放养的教学方式，大学生有更多的可自由支配的时间。

小雨：中学生的主要任务是学好基础知识，能升入高等学府继续深造。大学，升学不再是唯一的目标。学习是为了应用，为走向社会打下基础。

景大大：中学生主要学习基础课程。大学分学科、专业，主要围绕着学科和专业开设课程，让你学得更专、更细、更精。专业，将成为你未来就业的领域和事业发展的方向。

问 003：名牌大学和普通大学有什么区别？

林上清风：从本质上来讲，没有区别，都是大学，毕业后拿的文凭也没有本质的区别。本科拿本科文凭，大专拿大专文凭。只不过毕业证书上学校的校名不一样。找工作的时候,用人单位问你:什么学历?你回答的是大专/本科。然后,大专按大专学历的规定给待遇,本科按照本科学历的规定给薪酬。

踏雪无痕:有区别。名牌大学一般文化底蕴深厚,师资力量雄厚,社会认可度高,毕业生被接受度高,就业机会多。

小钰:进了名牌大学的学生要珍惜,要继续努力。进了普通高校的也不要气馁,只要努力学好,机会依然会出现。名牌大学,也有普通学生。普通大学,也有优秀学生。

小雨:去查一查,现在的成功者都是哪个大学毕业的。

景大大:普通大学的毕业生可以报考名牌大学的硕士生、博士生。"书山有路勤为径,学海无涯苦作舟。"勤奋、刻苦、努力、奋进,我们可以通过自己改变命运,走进名牌大学的校门。

问004:进入大学后要做的第一件事是什么?

林上清风:找到班主任,问清楚报到以后还要做哪些事,后面还有什么安排。

踏雪无痕:挥一挥手,向父母说再见。吸一口气,想一想开始的独立生活。

小钰:"民以食为天。"吃饭是第一要务。第一件事是要弄清楚食堂在哪里,如何办饭卡,如何使用饭卡,如何给饭卡充值。

小雨:找到同一所中学毕业的学长或认识的老乡,听取他们关于大学生活的建议。

景大大:弄清楚学校环境,包括校内环境和周边环境,尤其是校内环境。要按照大学生活的节点要求提前了解地情。比如,教室、食堂、图书馆等。对于第一次班级同学集中的地点,一定要搞清楚,避免因为找不到地方而迟到。

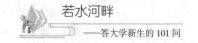

问005：进入大学后要关注什么？

林上清风： 关注同宿舍同学的情况。同宿舍同学在同一个屋檐下要共同生活几年，必须了解彼此的性格、脾气、爱好等，增进相互间的友情。这也是促进大学愉快生活的前提和基础。

踏雪无痕： 安全是进入大学之后要关注的第一要素。生命至上，安全至上。

小钰： 毕业生们的就业率高不高，就业质量好不好。因为这关系到学生的未来。

小雨： 大学，非在乎大楼也，而在乎大师也。第一关注的是学校有多少有名的大师。

景大大： 我认为应该把安全放在首要关注的位置。现在大学第一课，一般都安排"安全教育课"。因为发生过多起新生刚一进校就被骗、被盗的案例。当然，还有发生交通事故的。

问006：有人说，大学生活很轻松。这是真的吗？

林上清风： 大学生活并不轻松。大学生虽然没有中学生升学的压力，但专业课的学习压力很大。

踏雪无痕： 大学生活一点也不轻松。学生每周要上专业必修课、选修课，还要参加社团活动，有时还要参加学校竞赛活动，有些课程要求学生撰写论文，大学生活充实得很。

小钰： 大学主张学生自主学习。大学课程不像中学那样排得很满，大学也没有强制的早读和晚自习时间。但大学生要学好、学精、学透，没有相当程度的努力是不可能达成目标的。紧张不紧张，轻松不轻松，还在于个体。

小雨： 大学轻松了，走上社会后就会紧张。大学紧张了，走上社会后就要轻松一点。实际上是一个先甜后苦或先苦后甜的问题。当然，还有一个长苦和长甜的问题。

景大大： 同样的一张毕业文凭，含金量是不同的。因为文凭背后个体的付出是不等量的。紧张和轻松是相对而言的。大学新生们，千万不要被表面现象所蒙蔽，导致今后后悔不迭。

问007：大学生真的可以随便逃课吗？

林上清风：每个学校的《学生手册》都有规定，旷课达多少节，大学生会受到什么样的处分，比如警告、严重警告、留校察看、开除学籍等。大学生同样要受到校纪校规的约束。

踏雪无痕：上课时老师一般会点名。现在科技发达了，都可以采取电子签到了。还有学校用人脸识别系统签到。

小钰：老师上课点名问问题，没人回答，你不就露馅了嘛！对于经常迟到、旷课的学生，到时考试不及格，你哭都来不及。

小雨：我非常反对大学生的逃课行为。逃课行为很对不起老师，也体现不尊重老师的教学成果。

景大大：人说君子慎独，在无人管理的情况下，处事更要禅心与定力。

问008：大学里，老师真的不大管学生吗？

林上清风：按照"三育人"的要求，所有的教师都有责任和义务做好学生工作。但任课老师平时都比较忙，没有太多的时间和精力。学生工作主要由辅导员和班主任来承担。当然，学生有问题找到任课老师，任课老师也会耐心地提供帮助和服务。

踏雪无痕：大学强调的是自我管理、自我教育和自我服务。教师们的作用更多的只是指导，而不是严管。

小钰：为什么一定要被管呀！被管惯了吗？不管就会发慌？难道大学生还期待像在中学一样被老师管天管地、管头管脚？

小雨：古人说，"师者，传道、授业、解惑也"，没有"管"这一项。

景大大：大学只是一个驿站，我们最终要走向社会。社会如何管理公民？依靠的是道德和法律。大学生们要实现从学校人到社会人的转变，必须慢慢适应依靠法律和规章制度管理下的生活，而不是人管人的生活。记住，进入大学，我们已经是成年人。

问 009：大学里，是知识更重要还是能力更重要？

林上清风：大学生主要有两项任务：学做人，学做事。无论是做事还是做人，都是一门学问。只有坚持不懈地学习，积累知识，提升能力，才能做好人、做好事。

踏雪无痕：知识和能力都重要。知识是提升能力的基础，能力是所掌握知识的外在表现。两者缺一不可。光会死读书、读死书，而不能灵活运用，读书也就失去了价值和意义。不读书，心中无数，脑中无货，即使有一些能力，也不能长久。面对现实生活的不断变化，就会产生焦虑情绪。

小钰：我认为能力更重要。知识是一个人得以成长和发展的基础。能力与知识既有联系，又有区别。一个知识渊博的人未必很有能力。掌握知识需要能力，运用知识需要能力。有能力者，会读书，方法得当，能抓住本质，消化、吸收知识；欠能力者，学而不思，死啃书本，只知其然，不知其所以然。高学历者虽然所读书本多，但并不能证明高学历者一定能力强。

小雨：品德最重要。有德有才是上品，有德无才是废品，有才无德是危险品。

景大大：我们所培养的学生，必须德、智、体、美、劳全面发展，强调综合素质。因此，知识和能力不存在谁更重要的问题。

问 010：大学主要开设哪些课程？

林上清风：大学的课程分两类：必修课和选修课。必修课，指必须学习的课程；选修课，指可选可不选的课程。

踏雪无痕：大学课程可以分为三类：公共课、基础课和专业课。理工科类专业还要加上实训和实验课程。

小钰：有些大学生认为与专业课无关的课程是无用的课程，这种观点是错误的。比如思想品德课，看上去与你所学专业关系不大，实际上它将影响你一辈子的品行，对你的人生意义重大。还有一些课程目前好像未在现实生活中用到，但在将来某个时段可能会用到，更多的是培养了你学习的能力。

小雨：学校对选修课是有学分规定的，必须修满规定的学分才能毕业。千万不要以为选修课可选可不选就不选。

景大大：当我们选修课程的时候，不论这门课程是基础课还是专业课，每一门课程都有其价值和意义，我们应该努力学好每一门课程。

问011：如何成为一名优秀的职业人？

林上清风：要树立正确的职业观：专业观念、敬业观念、乐业观念、创业观念、务实观念、诚信观念、发展观念和和谐观念。

踏雪无痕：科学制订职业生涯规划。不要急功近利，切莫把就业、职业与事业混为一谈。

小钰：学校从2012年开展职业人培养计划，现代职场最看重的是会做人、会做事。

小雨：一个优秀的职业人应具备以下素养：修心做人、品格至上；了解自我、注重健康；踏实认真、敬业乐业；善于沟通、合作和谐；知识专精、"职感"敏锐；潜力无限、开拓创新。

景大大：明晰现代职业精神的特色内核，不以赚钱为职业的唯一目的，应将工作、职业看成是生命信仰的一部分，将它们融为一体，伟大的事业需要伟大的职业精神来支撑。

问012：走进大学校门，总感觉焦虑、忐忑和恐惧，怎么办？

林上清风：这是人来到一个陌生环境后的正常反应，适应一段时间就好了。

踏雪无痕：为什么会出现这样一种心理？要仔细分析一下原因。是第一次离家还是父母不在身边？是自理能力不足还是对未来感到迷惘？找到原因，对症下药。始终要记住一点：人总是要长大的，你已经长大了！

小钰：人生就是不断地聚散离合，到一个地方，认识一群人，再到一个地方，再认识一群人。不断地经历不同的人和事，然后不断地成长和成熟。这是一个很自然的过程。没有必要焦虑、忐忑和恐惧。

小雨：和老朋友们聊聊天，讲讲美好的往事。努力地寻找新朋友，共同探讨和展望美好的未来。

景大大：给自己设定好大学生活的目标，安排好每一天的学习和事务，让自己忙起来，让自己充实起来，一些不良情绪也就烟消云散了。

问013：学校对大学生有哪些红线（禁止性）规定？

林上清风：自觉遵守法律法规，千万不要违法犯罪。学生一旦被刑事处罚，必然被开除学籍，从而结束自己的学习生涯。

踏雪无痕：考试不要作弊，一般被发现后，考试成绩为零，同时还要给予留校察看处分。更不要请人代考，代考人和被代考人都要被开除学籍。

小钰：平时遵纪守法，学校一般没有特别的禁止性规定。

小雨：作为学生，千万不要去触碰红线和底线。

景大大：最好不要做突破底线的事，因为你的命运会因此而改变，到时只怕落得个追悔莫及。

问014：如何培养自身的德行和完美人格？

林上清风：人的成功是做人与做事的辩证统一。做事先做人，人格决定了做事的方式、方法与格局；做人先做事，人的综合素质只有在做事中才能形成。做事与做人是内在统一的。

踏雪无痕："工欲善其事，必先利其器。故欲成大事者，必先善其人格。"塑造完美人格的途径：（1）认识自我，优化人格；（2）努力学习科学文化知识；（3）积极参加实践活动，从小事做起；（4）发展良好的人际关系，融入集体；（5）锻炼身体，强健体魄；（6）防止"过犹不及"。

小钰：学校将德育作为学生毕业的重要素质来抓，"尚同于学，尚礼于人"的校训是每个在校学生内化于心的信念与使命。

小雨：德育学分制是学校德育工作的重要环节，德育成绩纳入学分管理，德育学分是学生评奖、评优、毕业等的重要条件之一。

景大大：阅读既是做人的修养之道，也是做事的成功之道。读书可以明志，读书可以育德，读书可以养心，读书可以增智。养成好的态度和习惯，不断发展自身综合能力，促进身心健康发展。

问015：大学生可以结婚吗？

林上清风：国家对大学报考者的年龄已经放开，因此，允许大学生结婚也就是很正常的事情了。

踏雪无痕：大学生结婚，其年龄必须要符合法定婚龄。

小钰：现在是有一些大学生结婚的案例，但比例并不高，而且大多是在毕业前夕。有些大学生学业、爱情双丰收，成为人生的赢家。

小雨：大学生可以结婚，但不代表大学生都要结婚，更不代表社会和学校鼓励大学生结婚。大学生通常没有实现真正意义上的独立，尤其是财务上的独立，基本上还需依靠父母的支持，并不具备独立承担婚姻、家庭责任的能力。

景大大：恋爱是幸福的，婚姻是现实的。一旦结婚，必然要面临柴米油盐酱醋茶等一系列现实的问题。有些人对感情极不负责任，闪婚、闪离，那绝对是一种不负责任的行为！

问016：大学所学非所用，分专业还有意义吗？

林上清风：报考大学的时候，有热门专业和冷门专业一说。热门专业通常报考的学生很多，竞争也非常激烈，许多高校为了增强招生吸引力，通常也会开设热门专业。由于热门专业毕业生多，就业竞争非常激烈，热门专业的学生不一定容易就业。加上社会产业转型升级，科技发展迅猛，一些专业招生的时候热门，到毕业的时候可能已经变成冷门专业了。

踏雪无痕：对于人才而言，到哪里都能发光，不管专业对不对口，都能胜任工作岗位。关键要看人的综合素质，看人的可持续学习的能力。所以不要太看重专业本身，而把关注点放在自身综合素养的提高上。

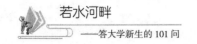

  小钰：现在已经不是"一业终身制"的年代了。我们必须要有"求变"的思想，随时做好准备，应对社会需求的变化。学好专业，同时学好和专业相关领域的知识，立足一点，寻求辐射，扩大自身未来发展的空间。

  小雨：人工智能的出现、5G的普及，未来很多职业会消亡，大学的专业设置也会发生相应的变化，否则专业也就失去了存在的价值和意义。但今天，我们依然要学好自己的专业，不仅要学好专业知识，更要掌握获取知识的能力，以不变应万变。

  景大大：热门专业会变成冷门专业，冷门专业也会变成热门专业。市场需要会自然调节人才的供给。坚守自己专业的阵地，学透、学精，职业的春天必然会来到。

问017：我不喜欢自己所学的专业，怎么办？

  林上清风：有些学校在招生时就明确大类招生，也就是说，在低年级时并没有明确专业，给学生一个专业再选择的过程。大多数高校目前都有允许学生申请调整专业的政策，在《学生手册》上一般都有明确的规定，不过必须符合一定的条件，不是想换专业就能换的。进校后可以详细咨询班主任或者学校的教务部门。

  踏雪无痕：只想弱弱地问一句：你不喜欢所学专业的理由是什么？这是你第一次接触专业的概念，你对所学专业了解多少？你知道专业的设置背景吗？你知道社会对专业的需求吗？你知道专业未来可能的发展空间吗？如果你的回答是不知道，那又何谈喜欢或不喜欢呢？

  小钰：有人说，"爱一行干一行"，意思是说，因为喜欢，因为有兴趣，所以我们有学习的热情，有做事的动力，就可以取得事半功倍的效果。但这个世界不是以你的主观意志为转移的，更多的时候我们并没有太多的选择空间，未来我们所从事的工作或者职业十之八九和我们的兴趣无关。我们必须学会适应环境，要把"爱一行干一行"这句话转换成"干一行爱一行"，努力去了解自己所学专业，培养自己的兴趣和爱好，掌握专业知识。当然，当你有一定能力的时候，可以选择去追寻自己的喜好，实现自己的梦想。

小雨： 我们想去爬山，但山在那里，永远不可能主动向我们靠近。我们能做的，是努力向山靠近，去攀登高山，感受"一览众山小"的意境。当我们无法选择的时候，我们只能改变自己。记住，与其整天愁眉苦脸、唉声叹气，不如调整心态、开开心心去学。

景大大： 还有一句俗语，叫"做一行厌一行"，当你真的去学你所谓喜欢的专业，也许你会发现，它其实并没有你想象的那么喜欢。抓住当下尤为重要。还想说一句，当人工智能时代真正到来，很多专业甚至职业都将消亡。我们需要把自己的基础打好，然后努力去适应快速变化的社会。你所谓喜欢的专业，也许就在消亡的系列中。

问018：如何制订职业生涯规划？

林上清风： "凡事预则立，不预则废。"大一新生刚开学就要制订一份相对完善的职业生涯规划，拥有成功的职业生涯规划才能实现完美的人生。

踏雪无痕： 制订职业生涯规划的基本步骤：一是树立职业志向或目标；二是对自我进行正确的评估和定位；三是对职业生涯机会进行评估；四是对职业生涯目标和路线进行规划；五是制订行动计划与措施；六是对职业生涯进行评估，并适当动态调整。

小钰： 重视内职业生涯的培养和发展，正确理解和调整内外职业生涯的关系。

小雨： 制订职业生涯规划，是大学生为今后就业、走向社会的最先行、最基础的一项准备工作，也是大学生实现职业理想和职业目标的关键一环。错过了职业生涯规划，就会错过有目的、有计划的人生发展的大好时机。职业生涯规划并非可有可无，并非毕业生的专利，大学生要尽早制订。

景大大： 职业生涯规划的具体准备：第一年，自我发现，精准定位自己；第二年，继续考察，拓展自己的职业视野；第三年，缩小选择范围，做出职业抉择。树立"先就业，后择业，再创业"的就业新理念。

问019：大学三年如何度过才不算虚度年华？

俗话说： "良好的开端是成功的一半。"没错，对于刚进入大学不久、对一切事物都充满新鲜感的大学新生来说，大学学业规划就是最好的开端。

林上清风： 要坚持简单的事，养成良好的行为习惯。古人说过，"千里之行，始于足下"。要成功并不一定要干惊天动地的大事，一点一滴认真地把小事坚持下去也是一种成功。短暂的斗志是每个人都具备的，但能坚持下去并不是每个人都能做到。

踏雪无痕： 多读书、读好书，做一个终身读书者。黄庭坚说："三日不读书，便觉言语无味，面目可憎。"图书馆聚集了大学的精华，且环境安静，适合学习，建议大学生多去图书馆看看。

小钰： 先做一个专才，再做一个通才。俞敏洪说过，专才和通才本来没有严格的界定，看你怎么去把握。当今社会需要的是既专又通的人才，一个成就大事的人必定是一个既专又通的人，要努力地、扎实地学好专业知识，用钉子精神去专研自己的专业，同时，要广泛地涉猎中国语言文学、心理学、管理学、社会学等知识。人能做的事远远超越自己的想象。

小雨： 多参与社会实践，在实践中不断学习做人做事。一个只会死读书的人终究会被社会淘汰。大学里有很多零碎的时间，大学生们可多参加社团活动和社会实践，丰富的社团生活和社会实践为大学生们提供了锻炼的舞台，大学生可以跟不同的人交往，丰富见闻，变得更自信。

景大大： 心有多远就能飞多远，大学对于每个人来说就像一张白纸，用大学三年的时间去描绘一幅属于自己的青春蓝图：不虚度年华，不辜负父母和老师的苦心，做最好的自己。

问020：如何获取大学的相关信息？

林上清风： 每个大学都会在百度建立贴吧，也会有专门的管理者和一些学姐、学长来灌水，上百度贴吧提问或浏览，就能获得有关大学的信息。

踏雪无痕：登录学校网站，这是最好的一种方法，可以获得一些最新的最准确的招生信息，比如招生专业、招生简章、历年招生信息等。

小钰：打开中华人民共和国教育部网站，即可获取大学的相关信息。

小雨：去当地的教育局了解学校的相关信息或实地去了解该大学的情况。

景大大：学校为了招生，肯定要出有关学校的宣传册啊，去拿一本宣传册了解一下吧。

二、学习篇

案例：不轻言说放弃

两年前，李倩成绩优秀，后来因为沉迷于网络游戏，成绩一落千丈，上课睡觉、放学玩游戏已然成了她每天的"必修课"。也许她每天思考最多的问题就是：中午吃什么？

在游戏里，李倩的虚荣心爆棚，开始拿父母辛苦赚来的钱往里砸，但那就是一个无底洞，永远没有被填满的一天。久而久之，上学在她的心里成了无意义的事情。终于有一天，她决定不去学校了，无论父母怎么规劝，她都坚持辍学。

起初李倩通过在餐厅当传菜员，觉得每一天很充实，一份劳动就有一份收获。一年过去了，她也慢慢地对这个社会有了一些认识：如今的现状是自己造成的，没有知识与技能的人注定会被这个社会淘汰。幸运的是，她还年轻，她做了一个大胆的决定：重回校园，找回丢失的东西。

因荒废学业，尽管学起来很吃力，但李倩相信勤能补拙。别人付出一倍努力，她就付出十倍努力，咸鱼终有一天会翻身！半学期后，期末考试有一门课居然考了82分。对李倩取得的巨大进步，老师开始关注她，李倩也更加有信心了。

李倩回到校园，找回了原先对知识的渴求的感觉，还有对自己的一份责任。父母的关心、老师的关爱以及同学们的支持，让她实现了完美逆袭。

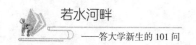

问 021：大学里学习任务重吗？

林上清风：由于各大学的实力不同、专业设置不同、专业难度不同，因此，各校受社会的认可程度以及对社会的贡献也有所不同。

踏雪无痕：大学学习任务很重，可能是自己对自己要求太高所致。相信只要合理安排时间，一定能够胜任大学学习任务的。

小钰：在大学里，有很多的知识等待你学习，有更多的人等待你认识。

小雨：虽然学习任务繁重，但让我们在更高的起点上进入社会，更快地适应社会，更好地找寻到自己的梦。

景大大：虽然学习任务繁重，但这是自我独立的必经之路。

问 022：大学里学什么？

林上清风：首先，学做人，搞好人际关系，生活会丰富许多；其次，学习一项技能，为以后就业做好准备；最后，有余力的同学可以担任学生会或班级干部，既锻炼了管理能力，又学习了沟通技巧。

踏雪无痕：大学的时候多参加一些课外活动，在大学里不仅要学习文化知识，而且要多参加实践活动。

小钰：根据个人的经验，大学里除了学习理论知识外，还要适当参加一些社会实践活动，不一定加入学生会，也可加入一些服务类的社团，从而更好地开拓视野。

小雨：可以参与勤工助学活动或者从事与专业相关的实习工作，丰富自己的实践技能，这样就业时更受用人单位的青睐！

景大大：学习生存技能，刻苦钻研，提升自己。

问 023：大学里有哪些地方可以供我们自由学习？

林上清风：在教室里就可以学习啊。

踏雪无痕：在宿舍自主学习也是一项选择，当你认真学习时，也可以带动整个宿舍的学习氛围。

小钰：只要想学习，在哪里都可以学习。

小雨： 图书馆里的学习氛围是最好的，图书馆里环境安静，且有众多的书籍供大学生们参考。

景大大： 还可以利用线上学习。网络提供了丰富的教学资源，利用网络可以查阅大量的文献，同时一些网上教育平台给我们提供了很好的教育渠道。

问 024：英语重要吗？

林上清风： 重要啊，因为英语是世界的主要通用语言。学好英语，你可以和更多的人交流。

踏雪无痕： 当然重要，英语普及度很高。如果你打算进入外企，英语是基础。

小钰： 大学生们的英语水平得过一定等级，大学生们才能毕业，你说重要不重要？

小雨： 若英语水平高，之后还可以当翻译，从事英语教学工作，翻译和英语教师均是不错的职业。

景大大： 英语好的话，还可以参加托福、雅思考试，出国留学深造，进一步提升自己，这也是一条不错的道路。

问 025：大学里如何应对考试？

林上清风： 上课认真听讲，不要翘课，按时完成老师布置的作业，认真复习，应对考试没有问题。

踏雪无痕： 大学更强调自学能力，可以根据自己的时间安排，好好总结书上的知识点，不管是老师上课强调的还是没有强调的，自己梳理一遍，理清脉络，便于以后复习。

小钰： 如果你的自学能力不太强，和学霸一起去图书馆吧，有不会的问题问问学霸，看看别人是怎么复习的，跟紧学霸的脚步。

小雨： 大学每堂课老师所讲内容丰富，要抓住重点，有问题及时解决，提高学习效率。

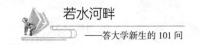

景大大：如果有可能，做一做往年的试卷，了解难易程度和题型分布。这有助于你复习。也可问问学过这门课的学长、学姐，问问他们有没有这门课的复习资料，了解这门课的学习方法和需要注意的事项，也有助于你更好地学习。

问026：大学里可以选课吗？

林上清风：大学里允许学生对学校所开设的课程有一定的选择自由，包括选择课程、任课教师和上课时间，选择适合自己的学习量和学习进程。

踏雪无痕：选课时一定要留有选择余地，既要考虑功课的安排，也可适当兼顾兴趣。另外，避免"贪多"，避免"盲目选课"，避免"避重就轻、舍难就易"，避免过分注重实用，要使所选的课更适合自己。

小钰：很多学校采用学年学分制培养模式，原则上由学生根据本专业的培养方案，自主选课修读。选课要在教务系统中进行。

小雨：选修课的学分也是毕业的硬性指标之一，学生在修满学分后才有毕业的资格。部分学校的学费与大学生所选选修课的学分数相关。

景大大：大学里还有公共选修课和专业选修课，可多多关注学校的教学网站。

问027：考试不及格对今后有什么影响？

林上清风：在大学里一般有期中和期末两次考试，故每次的考试非常重要。考试成绩占整个课程评分相当大的部分，所以考试不及格会导致挂科，影响学业。学校政策规定，学生不能有挂科。

踏雪无痕：影响很大，考试决定最终的学科成绩。挂科就代表这门课程学分拿不到，若没有修满学分，就不能毕业。

小钰：经常说的一个梗"挂柯南"，你就知道考试的重要性。

小雨：考试不及格就容易挂科，挂科就需要补考，补考就会浪费时间，这是一个恶性循环！

景大大：挂科是一个很严重的事情，因为这涉及毕业证、学位证能否如愿取得的问题，所以一般挂科的学生内心压力很大。

问 028：大学里的专转本、专接本、专升本有区别吗？

林上清风：专接本与专升本，两者虽仅有一字之差，却是两种不同的学历教育，不能混为一谈。

踏雪无痕：专接本是专科学生在校期间通过院校的审核与本科院校的考试直接专科对接本科的一种学历提升方式。

小钰：一般地，专转本考试，学生要考三门课程，一门是当前学习的专业课程，另外两门是基础课程(基础课程一般为英语、高等数学)。本科院校会根据整体的成绩来计划招生并设置录取分数线。对达到录取分数线的学生择优录取。

小雨：专接本大多数对接本校本科，如果本校最高专业教育层次只有专科的话，就去其他学校参加统一考试。

景大大：专转本只能报考本省的本科院校，不可以跨专业，一般每年的1月中旬开始报名；专接本属于自考类，可跨专业，一般在每年的4月报名；专升本则学生须参加全国统一的考试，一般在每年的8月底、9月初报名。

问 029：怎么样才能喜欢上自己所学的专业？

林上清风：其实，只要你好好地了解你所学的，你会发现乐处多多。

踏雪无痕：你的内心不要刻意地去排斥它，即使这是你的父母强迫你选择的，但既然你已经做出了选择，就不要后悔，慢慢地去接受，接受不能改变的，改变可以改变的。

小钰：花多点时间，一旦克服初期的陌生，获得一定成就感后，自然而然就会喜欢它。

小雨：当你了解清楚了，你就会发现每个专业均有学习的价值。了解所学专业的就业前景以及学习该专业的意义。

景大大：也许你只是不喜欢专业给你带来的宿命感，去深入了解一下你的专业，尽量在学习上使自己有成就感。

问030：如何适应大学里的学习氛围？

林上清风：确立学习目标。目标是个人奋斗的方向，确立了目标，在老师讲授的基础上，查阅资料，丰富知识，锻炼能力。

踏雪无痕：注意在学习中发展能力。这里主要指思考能力、动手能力、创造能力等。利用自身某个方面的优势，在校园文化建设、班集体活动和社会实践、勤工助学中全面展示和提升自己的能力。

小钰：高中时期，一切听从老师指挥；大学提倡自主学习，大学课程比较紧凑，大量的课外时间要由自己来安排。

小雨：大学没有了督导员似的高中老师跟前跟后、督促学习，没有了父母一刻不停地唠叨学习，没有了铺天盖地的作业练习。在大学里，学生要学会自我管理，制订学习计划。

景大大：在大学参与组织和社团可以提高自己的实践能力。例如，加入文学社团，它就会要求你每天坚持看书或者让你写书面总结，让自己每天都处于充电状态中，坚持下去，你会有更大的收获。

问031：加入学生社团有什么好处？

林上清风：大学生是快要与社会接轨的年轻人，我们可以从团体生活中体会到不同的群体生活。

踏雪无痕：能够锻炼和提高我们解决问题的能力。无论是社长，还是社员，我们都会在工作中碰到很多困难。当遇到困难时，想尽办法解决，在此过程中就锻炼了工作能力。

小钰：大学社团能够丰富我们的大学生活。大学当然是以学习为重心，但是大学生不能只学习书本上的知识。在确保完成学习任务之余，能够加入社团，组织或参加一些有意义的活动，我们的生活会更加丰富多彩。

小雨：大学社团能够扩大我们的交际圈。

景大大：大学里参加一些比较好的社团是很有好处的，比如学生会。可以拓展你的人脉，可以认识很多老师和同学，这对你非常有好处。学校在评奖评优方面，学生干部可以得到加分。未来就业时用人单位也倾向录用学生干部。总之，加入一个好的社团，对你帮助很大。

问032：如何让自己成为一名优秀的大学生？

林上清风：充分发挥学习的主动性和积极性，根据个人的兴趣和能力选修相关课程，熟练地利用图书馆和互联网收集相关的资料和信息，广泛涉猎相关知识，掌握科学的学习方法，培养独立思考问题、分析问题、解决问题的能力。

踏雪无痕：主动地和同学们加强沟通交流，学会理解、关心新同学，学会过集体生活。

小钰：根据自己的特长和爱好、时间和精力，积极参加各种活动，合理安排课余生活，锻炼组织和交往的能力。

小雨：确立独立生活的意识，提高明辨是非的能力，虚心求教、细心体察、大胆实践，不断积累生活经验。

景大大：加强道德修养，锻炼道德品质，继承和弘扬中华民族优良道德传统。

问033：在大学里如何发展兴趣、爱好？

林上清风：首先要明白，你的爱好究竟是什么。爱好是对某件事情有浓厚的兴趣，不管学业、工作如何繁忙，只要一有空就坚持做的事情。若对某件事情犹豫，大抵不是真的喜欢。

踏雪无痕：培养兴趣，规划很重要。自己设置目标，做好时间管理，不要让时间白白溜走。

小钰：可以培养一个体育爱好项目，如打篮球等。

小雨：如果不爱动，摄影和音乐也是个不错的兴趣。摄影会让你关注生活中的美，音乐能够让你放松，还可以在某些文体活动中露一手。这些兴趣、爱好对工作与社交都有帮助。

景大大：有足够的兴趣后，就要考虑经济上是否可以承受（对某些高成本的项目，要么放弃，要么有计划地坚持）；时间上予以保证，与

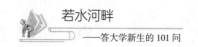

日常生活节奏不冲突；项目门槛建议不要设置得太高，以免阻碍学下去的决心（比如爱好过于晦涩，太难入门等），要让付出和收获之间获得正向循环。

问034：学校有哪些帮助贫困学生的方式？

林上清风：国家助学贷款，给了贫困大学生读大学的底气。高校助学金和奖学金，给了贫困大学生学习的动力。国家脱贫政策，解孩子上学的后顾之忧。

踏雪无痕：贫困生利用勤工俭学，或在助学金的帮助下，基本能维持正常的学习和生活。

小钰：有些贫困生会有一点自卑感，要多鼓励他们。但也不要太过关注他们，以免引起他们的反感。

小雨：我们帮助人，不是简单粗暴地给了我们以为对方想要的东西就行了。我们要真正地去做一些事情，让贫困学生在潜移默化中得到改变。

景大大：学校和企业合作，提供实习机会和培训机会。

问035：可以到校外勤工俭学吗？

林上清风：每个大学都有勤工助学中心，学院有分中心，这些中心的职能就是帮助学生提供适合他们的岗位。

踏雪无痕：学校的勤工助学网上会提供所有的招工信息，学生可不定期登录、浏览网站信息，寻找对口工作。

小钰：如果学业较轻松，可去校外找一份家教或从事促销工作。

小雨：注意找的时候尽量留意信息的真实性，以防止被骗！

景大大：也可以和学长、学姐联系，了解学校勤工俭学情况。

问036：可以去旁听非本专业的课程吗？

林上清风：完全可以，任何的非本专业的课，只要你有时间，都可以免费旁听。

踏雪无痕：可以啊，不过应该先学好自己的专业课，这都要花很多时间了。如果有精力，再去学习非本专业课程。

小钰：可以的，第一次可能不适应，多去几次就好了。

小雨：如果你旁听的话，最好认识几个相关专业的同学，这有助于你了解该课程以及该老师是否适合你。

景大大：如果你被老师发现，礼貌回答老师提出的问题，不要与老师发生冲突。所有老师都很喜欢有礼貌的求知者的。

问037：怎样才能学好专业课？

林上清风：上课认真听讲，熟练掌握书本上的每一个知识点。

踏雪无痕：学好专业课，要在三个层面上努力。一是要掌握课本上写的、课堂上讲的知识；二是要掌握专业领域的前沿学科知识、最新科研成果；三是要学习与专业相关领域的知识。

小钰：一定要学好大一、大二的专业基础课内容，这是后面专业课程学习的基础。

小雨：千万别以为某门课考试成绩优秀，就说明该门课学得很好。关键还在于能否运用所学专业知识解决问题。

景大大：读万卷书，行万里路。要真正掌握专业知识，还必须到与专业有关的单位去调查、实习、实践。实践才能出真知。利用好休息日、寒假和暑假，多学习与专业相关的技能。

问038：学校有哪些渠道可以锻炼自己的能力？

林上清风：加入学生会，组织和参加各项学生活动，可以锻炼自己的综合能力。

踏雪无痕：积极参加校内外的志愿者活动和实践活动。

小钰：在"大众创业、万众创新"的春天，积极参加创新创业比赛，参与大学生创业训练，敢于大胆创新创业实践。

小雨：可以申请班级学生干部甚至宿舍长，从最基层的管理实践中提高和锻炼自己。

景大大：学校设有很多学生工作岗位，如申请班主任助理，协助班主任管理好班级，服务好同学，等等。另外，还可以申请辅导员助理、科研助理、招生助理等，锻炼自己能力的机会很多。

问 039：从部队退伍复学后，学校有哪些额外奖励性政策？

林上清风：大学生士兵退役后复学，可以减免学费。

踏雪无痕：大学生士兵退役入学后或者复学期间，可以免修军事技能训练，直接获得学分。

小钰：退役大学生回原就读学校复学的，符合学籍管理规定，经学校同意可调整专业。

小雨：政治有优待，经济有收益，发展有助力，创业有扶持。

景大大：入学或者复学后参加国防生选拔、参加国家组织的农村基层服务项目人选选拔，以及毕业后参加军官人选选拔的，优先录取。

问 040：如果不能完成军训任务，会有什么后果？

林上清风：大学生应当参加军训，军训合格，可以获得相应的学分。

踏雪无痕：若有特殊情况，要向学校申请，不过一般学校会建议在下个学年再补上军训任务。

小钰：军训与学分、操行分挂钩，如果不参加军训，得不到相应的学分和操行分，导致你不能参加班级和学院的评优、评奖活动，即使其他课程再优秀也不行。

小雨：不参加新生军训和逃离军训是两个不同的概念。如果逃离军训，视情节严重程度，轻者批评教育，重者直接给予处分。

景大大：真心地建议你参加新生军训，它对你今后的为人处世有极大的帮助，也可以让你学到很多课本中学不到的东西。

三、生活篇

案例：

S同学在大一时是班长，帮助班主任做了很多班级事务，但是从大二开始，他经常旷课，不认真学习，有时还和老师顶嘴，老师布置的作业也经常不按时完成，学习成绩和班级综合测评名次由前几名落到下游，甚至都影响正常毕业。

针对该同学的情况，首先要充分全面地了解S同学的真实情况，让他充分表达他本人对这件事件的看法和解决途径，然后根据相关管理规定解决问题，最后持续关注，跟踪结果。

问041：大学里处理好人际关系真的很重要吗？

林上清风：大学里的人际关系很重要，但又很复杂。大学校园就像一个大"熔炉"，很能锻炼人，如果在大学生活中就搞不好人际关系，将来走上社会与人相处就更困难。不懂人际交往，在公司怎么与别人合作，怎么去与人沟通？所以说，在大学的时候，就应该多参加一些活动，参加一些社团，增强自己的社交能力，这样能够得到很好的锻炼，也为将来走上社会奠定基础。

踏雪无痕：大学是一个小型社会，学生来自五湖四海，拥有不同的生活习惯和做事方法。有些学生可能在刚进入大学的时候就开始广泛扩大自己的人脉圈，为自己的未来增加筹码。

小钰：宿舍关系是大学阶段最基本的人际关系。住集体宿舍，与宿舍成员搞好关系非常重要。关系融洽，心情舒畅，不仅有利于学习，也有利于身心健康。

小雨：人际关系其实就是人际交往能力。在所有公司里面都需要协作来共同完成一件事情。在一个组织里面，在一个公司里面，协作能力比业务能力更重要。

景大大：人际关系很重要，大学同学之间要互相关心、互相帮助，共同成长。

问042：假期中如何寻找适合自己的工作？

林上清风：如今，假期赚钱方式很多。学生们各有所长及所好，可做家教、兼职、翻译、撰稿等。也可以去星巴克或者优衣库这种大型正规的公司打工，这些公司都是按小时给工钱的。

踏雪无痕：对待遇优厚招短期工的广告，要认真观察，以防上当受骗。对路途较远，但待遇优厚的工作千万要谨慎。要相信一句话："天上不会掉下馅饼！"

小钰：需要交押金、定金这类的工作广告大多是骗人的。

小雨：最好找专业对口的实习单位，既能发挥自己的专业特长，又可锻炼自己，为今后的就业创造很好的条件。

景大大：最好就近找工作。如果离家远的话，花费大量的时间、精力和来回路费，得不偿失。

问043：有老乡让我参加老乡聚会，可以吗？

林上清风：参加老乡聚会，可以认识一些朋友，还可以认识学长、学姐，遇到问题时可以向他们咨询。

踏雪无痕：可以先去参加一次，若大家性情相投，则可继续交往下去；若大家志趣不投，也就没必要参加了。

小钰：可以参加，我们能从中学到一些学校里学习不到的东西，如为人处世的基本礼仪。另外，还能积累一些人脉资源。

小雨：可以参加啊！因老乡有共同的生活习惯，老乡聚会时能体验到家的感觉。

景大大：也可依照自己情况决定，如果觉得参加老乡聚会浪费时间和精力，也可以不参加。

问044：同学们都不愿意打扫宿舍，怎么办？

林上清风：同宿舍同学召开一个小型会议，商量如何保持宿舍环境卫生。一起讨论出解决方案，所有人自觉遵守规定，自然能保持宿舍环境的整洁。

踏雪无痕：推选一位宿舍长，监督宿舍卫生执行情况。

小钰：制定值日生制度，并坚决执行。

小雨：宿舍是公共活动场所，大家一起居住、一起生活，理应所有人一起打扫，并且学校每天检查宿舍的时候，会对你们的宿舍进行打分，不仅对宿舍的整体进行评分，还要对个人进行评分，该项评分还和奖学金挂钩，故所有人须维护宿舍整洁。

景大大：可以抽时间和不爱打扫的室友聊一聊，分析原因，让大家明白宿舍卫生的重要性，并共同创造一个比较优美的宿舍环境。

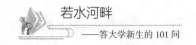

问045：宿舍同学作息不规律，怎么办？

林上清风： 宿舍同学作息不一定一致，有人喜欢早起，有人喜欢晚睡，每个人生活习惯不一样，这很正常。既然大家住在一起，就要相互体谅。遇到有困难的同学要主动帮助，不能视而不见，好好沟通、协商，找到解决办法，其实帮助他人就是帮助自己。

踏雪无痕： 如果不是什么大不了的事，在不违背原则的情况下，能放下就放下。毕竟走到一起，同住一个寝室也是缘分。淡然处之，没什么大不了的。

小钰： 学生之间闹矛盾很正常，关键是如何有效地化解矛盾，做错了事应该及时道歉。当然，若别人非故意做错了事，也不必斤斤计较。

小雨： 总的来说，宿舍应该是每个同学身心都较为放松的空间。良好的宿舍关系应表现为既相互宽容又相互依赖，大家感到生活在一起自然和放松。

景大大： 若实在忍受不了宿舍同学的某些作息习惯，可以与班主任或者辅导员商量，调换宿舍。

问046：迁转户口有何利弊？

林上清风： 把户口迁移到学校，并不代表着你的户口会一直在学校，只表明你在校期间户口会被迁移到学校。学生毕业之后，户口还是要迁出去的。毕业后如果找到了工作，户口就可以迁移到单位所在地；如果处于待业状态，户口就会被迁回原籍。有时候没有及时去处理，很容易变成黑户。因为户口一旦迁移出去，就很难再迁移回去。尤其在迁移之前是农村户口的同学，迁移为学校户口后就变成了非农村户口。

踏雪无痕： 新生入校户口是集体户口，若你在毕业离校时未找到可接收户口人事档案的用人单位，学校可代为保管（一般是两年）。保管期过后还未找到可接收户口人事档案的用人单位的，户口就会被迁移回生源地。

小钰：如果你是农村户口，那么你就要注意了，户口迁到学校之后，原本农村户口享受的福利待遇就不能享受了，且毕业后，若户口迁回原籍，只能落户城镇户口。

小雨：在一些经济欠发达地区，地方政府为鼓励大学生回家乡就业，提供适当的补贴和福利待遇。若大学生入学时将户口迁出，再回生源地就业则无法享受该待遇。

景大大：户口迁移与否，利弊互存，不可一概而论，主要看学生个人未来的人生规划和职业选择，需要学生和家长慎重考虑再做决定。

问 047：我暂时交不了学费，怎么办？

林上清风：可以先和班主任或者辅导员说明不能交学费的原因。

踏雪无痕：生源地助学贷款是国家开发银行为经济贫困的大学生提供的助学贷款。只要获得了国家认可的高校录取通知书，且满足国家对贫困家庭的要求，即可申请办理。

小钰：去学校之后可以申请贫困生补助，但须到当地居委会或者父母所在单位开具贫困证明。

小雨：努力学习，争取拿到奖学金，奖学金还是很可观的。

景大大：大学期间除了好好学习之外，还可以抽空勤工俭学，找一份兼职工作。

问 048：学校对大学生宗教信仰持什么态度？

林上清风：宗教在高校大学生中存在广泛影响，大多数学生将宗教视为一种文化和知识。高校要加强对大学生的正面教育和引导，帮助他们树立唯物主义世界观。

踏雪无痕：解决大学生宗教信仰问题，还是要从问题产生的根源入手，排解学生内心的不良心理情绪。

小钰：要在大学新生入学时开展心理普查和家庭状况调查，对学生进行细致了解，对学生及家庭的宗教信仰问题进行摸排。

小雨：我国《宪法》规定，中华人民共和国公民有宗教信仰自由。

但宗教问题又同政治、经济、文化和民族等问题联系在一起,因此宗教活动必须在法律规定的范围内活动。

景大大:教育部颁布的《高等学校学生管理规定》中明确规定:"任何组织和个人不得在学校进行宗教活动。"

问049:我和宿舍同学关系不好,想换个宿舍,行吗?

林上清风:不要着急调换宿舍,因为调换宿舍之后,你和原来宿舍同学的矛盾并未化解,到新的宿舍,新宿舍的同学未必欢迎你。

踏雪无痕:不要换,可以和你的舍友交流一下,为什么他们讨厌你,努力改正自己的缺点是最重要的。

小钰:建议调换宿舍,同一个宿舍的同学如果玩不到一起去,不仅会影响自己的心情,严重的话会影响自己的成绩,所以早换早好。

小雨:建议不要调换宿舍,心态放宽点,做好自己的事情。人与人相处久了,总会产生矛盾的,多找找别人的优点。

景大大:建议调换宿舍,每个人的性格和三观都不一样,三观不合适的人生活在一起免不了会争吵,建议寻找适合自己的舍友更好,快乐和谐的宿舍总比钩心斗角的宿舍好。

问050:如何与宿舍同学处理好关系?

林上清风:要与同学和睦相处,学会包容。每个人从小生长环境不同,生活习惯不一样,做事要顾及别人的感受。

踏雪无痕:礼貌待人,热情大方。积极地结交朋友,帮助有困难的同学。

小钰:多注意个人内务和宿舍环境卫生,不影响宿舍其他人作息,要及时改正不良生活习惯。

小雨:不搞小团体,不触犯室友的隐私,积极参加寝室活动,维护共同的生活环境,完成该做的杂务。

景大大:关心别人,帮助别人,对日常生活中发生的矛盾、冲突,理性解决。

三、生活篇

问 051：我被诈骗了，怎么办？

林上清风： 第一时间拨打 110 电话报警，向公安机关详细告知嫌疑人的银行账号、电话号码等相关信息。保存好相关证据，如转账凭证，与嫌疑人联络的相关凭证，包括通话记录截图、电话通话详单、短信（微信、QQ）、聊天记录截图等。

踏雪无痕： 根据不同的诈骗类型及时处理，做到最大限度地止损。

小钰： 被网络诈骗金额较大的，可以准备相关证据去当地派出所报案。

小雨： 第一时间找班主任以及辅导员汇报处理。

景大大： 首先，如果你发现自己被诈骗了，那么你应该第一时间冻结自己的银行账号，并去公安局报案，详细叙述被骗过程。如果你因为被骗转账，那么你可以向警方提供诈骗犯的银行卡号，警方会立即通知银行冻结诈骗犯的账户，通过卡号可以查询到该卡的开户点并且可以查询到资金流向，警方也可以通过银行卡号获取到诈骗犯的个人信息。如果你的银行卡号密码被诈骗犯获取了，那么你可以立刻登录银行官网，输入 3 次错误的密码，然后再去 ATM 机进行相同的操作，这样你的银行账号就会被冻结，诈骗犯也就没办法对你的银行卡进行操作了。

问 052：如何交往到真正的朋友？

林上清风： 酒肉朋友不是真正的朋友，只有在患难时仍关心你的朋友才是你真正的朋友。

踏雪无痕： 仔细观察对方，从其言行可以判断出一个人的品行，以此判断这个人是否值得深交。

小钰： 双方需要经历很多事情，这样才能看清一个人的人品，所谓患难见真情，这是最好的判断方法。

小雨： 指出自己的错误，帮助自己成长的人，才是真正的朋友。如果在生活和工作中，有一个人从不对你阿谀奉承，反而时常指出你的不是，帮助你不断进步和成长，这样的人才是真正值得交往的人。

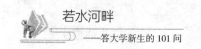

景大大：维护你、保护你的人；在你遇到挫折时，给你安慰；遇到困难时，给你帮助；被别人排挤、打压时，维护你、时刻保护你的人，才是你最好的朋友。

问053：我可以选择不在学校住宿吗？

林上清风：可以，但要具有苏州本地户口并在父母同意的情况下办理走读证明。

踏雪无痕：原则上可以，但是不提倡，而且每一个学校的规定都是不同的。如果没有特殊原因，尽可能住校，住校会让你体会到不一样的生活体验。

小钰：考虑到学生的安全，不建议学生到校外住宿。

小雨：建议大学生住校。若大学生坚持住在校外，必须征得父母或监护人的同意。

景大大：走读学生要提供居住地址、联系方式，并承诺自觉加强人身和财产安全的自我保护，经本人与父母监护人均签字后学校批准执行。

问054：物品被偷了，怎么办？

林上清风：如果物品在学校丢失，大多数是内部学生所为，这时，需要逐个排查，找出疑点，然后破案。必要时，可以向公安机关报案，由公安机关进行侦查。

踏雪无痕：在学校内丢失财物，学校并不承担赔偿责任。

小钰：如果发现是室友或者同班同学作案的话，可以先和班主任或者辅导员商量，然后再采取对应的策略。

小雨：不要当面质问可疑人物，以免对别人造成不必要的身体和心理伤害。

景大大：若被偷物品较贵重，可第一时间报警，叙述整个被偷的过程，并且提供有用的线索，方便警察破案。

问 055：别人向我借钱并且数额较大，该如何处理？

林上清风：如果你不想借钱给别人，可委婉地表达自己经济拮据，开支很大，没有多余的钱。

踏雪无痕：如果你不想借钱给别人，可以告知对方自己并不宽裕，并且明确回绝。

小钰：自己刚报了一个兴趣班或特长班，刚缴了学费，现在手头不宽裕。

小雨：若对方确实困难，而自己手头很宽裕，可以帮一下忙。

景大大：跟对方说自己没有余款，没法满足他的需要。

问 056：同学经常向我借钱而且不还，怎么办？

林上清风：考虑借钱额度。如果对方只是借了你一两百块钱没有及时还上的话，就不必为这点小事闹心了。

踏雪无痕：如果你拉不下脸来直接讨要的话，可以在跟对方聊天的时候，找到合适的契机，不经意间提醒一下。

小钰：巧妙提醒还钱。若对方不想还钱，可以直接暗示对方，目前自己手头比较紧。

小雨：就当助人为乐吧。

景大大：若对方不想还钱，直接表明态度，希望对方尽快还上。

问 057：网上有不要抵押的贷款，可以贷款吗？

林上清风：可以，大学生是成年人，可以贷款。

踏雪无痕：可以，但要及时还清贷款。

小钰：可以，很多大学生在大学就开始创业了，但缺少周转资金，贷款是一条比较好的筹资渠道。

小雨：可以贷款，但要到正规网站贷款。一些不法分子利用大学生社会阅历不丰富，引诱大学生贷款。大学生容易掉进不法分子的陷阱里。

景大大：不法网站贷款利率奇高，在校大学生很难有偿还能力，建议不要轻易贷款。

问 058：同学之间生活习惯不一样，怎么办？

林上清风：互相尊重，慢慢包容，慢慢协调，慢慢融入。

踏雪无痕：如果大家的生活习惯不一样，应该及时和对方沟通、交流，及时解决。

小钰：若实在忍受不了同宿舍同学的生活习惯，可以和班主任、辅导员老师申请调换宿舍。

小雨：主动和对方谈谈，大家冷静地坐下来互相探讨一下各自的生活习惯，互相迁就，和平共处。

景大大：尽量换位思考，自己这样做是否影响到别人。

问 059：日常消费不合理、开销过大，怎么办？

林上清风：大学自由空间大，可支配的金额也较大，需要理性消费。

踏雪无痕：利用课余时间兼职赚钱。

小钰：不和别人攀比，根据自己的实际能力消费。

小雨：大多数大学生的生活费是父母提供的，父母赚钱不容易，大学生要合理消费，减少不必要的浪费。

景大大：记下每一笔开支，这样可督促自己，节省开支。

问 060：我总是无所事事，怎么办？

林上清风：下定决心，改变自己目前的状态。按时作息，不要熬夜，锻炼身体，规律饮食，让生物钟正常。

踏雪无痕：制订详细的学习计划和职业生涯规划，然后严格执行。

小钰：多看书，拓展自己的视野，完善自己的知识结构。留心观察生活，多思考，多琢磨。

小雨：积极参加学生组织，参加各种课外活动。

景大大：利用课余时间出去兼职，丰富自己的社会阅历。

四、发展篇

案例：

社团招新那天，小李被如火如荼的招新场面震惊了：动漫社、辩论社、手工社、青年志愿者协会、礼仪社、轮滑社、读书社等。大大小小几十个社团，花花绿绿各色海报，熙熙攘攘的人群，小李看得眼花缭乱，感觉哪个社团都适合自己，都想参与。小李摩拳擦掌，稀里糊涂选择了青年志愿者协会、辩论社、礼仪社和手工社，似乎意犹未尽。但第一次开会时他就傻眼了，两个社团的迎新与面试大会是同一时间，这意味着小李必须有所取舍。权衡再三，他放弃了手工社。辩论社每次开展活动都是周三下午，刚好与礼仪社等的培训活动冲突，小李不得已又要放弃一个。整个大一上学期，小李参加各种社团活动，忙得不可开交。因精力有限，为了参加社团活动，他经常逃课，期末考试惨遭挂科。第二学期开始后，小李开始思考社团活动与学业孰轻孰重的问题。最后，小李放弃了其他社团，仅保留了青年志愿者协会，并坚持到最后。

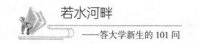

问061：做学生干部有什么好处？

林上清风： 做学生干部是锻炼能力的最好实践，很多领导干部、管理者都是在大学时代学生干部岗位上历练过。

踏雪无痕： 学生干部是同学们的骨干和带头人，可以督促自己，以身作则。长此以往，自己在无形之中得到了很大提高。

小钰： 可以提升组织能力、社交能力、表达能力等综合能力，对日后走向社会和工作岗位有很大的好处。

小雨： 学生干部不是"学生官"，是没有薪水和待遇的最特殊的干部。优秀的学生干部是未来党组织培养和发展的重点对象，要把服务同学的理念放在第一位。

景大大： 大学时代的学生干部比较忙，很充实，很有收获，但也会牺牲自身的学习时间和精力，要学会统筹工作和学习的关系。

问062：新生如何加入中国共产党？

林上清风： 加入党组织，首先坚持个人自愿原则。本人经过郑重考虑，自愿向所在党组织以书面形式提出申请，真实表达自己的政治追求和决心。

踏雪无痕： 认真了解入党的三个基本条件和十多个规范流程。三个基本条件：一是具有中国国籍且年满十八岁；二是承认党的党章并愿意参加党的组织，积极工作，执行党的决议；三是按期缴纳党费。要认真完成入党申请—入党积极分子—考察对象—预备党员—正式党员等十二项基本流程。

小钰： 大学生入党优中选优，党员的身份就是一个证明你优秀和实力的身份证，我们要及早向党组织提出申请，端正入党动机，以党员的标准严格要求自己，认真学习政治理论知识和专业知识，提高自身政治素质。抱着坚定的态度从一点一滴做起。

小雨： 有些同学虽然暂时具备了申请入党的基本条件，但还不具备共产党员的条件，必须经过党组织的培养和教育，具备一名共产党员的条件，才能加入中国共产党。

景大大：向党组织提出申请，自觉地严格要求自己，并主动接受党组织的考验和考察，主动向党组织汇报近期思想、工作情况，等待组织的接纳。

问063：大学生入党，对自己未来的发展有什么好处？

林上清风：大学生入党，这个过程本身就可不断地磨炼自己，提升政治素质，在今后人生大方向上就不会偏颇，从而少走弯路。

踏雪无痕：能成为大学生党员，意味着学习能力和综合素质以及处理人际关系的能力都是比较出类拔萃的，更容易在各级组织中得到认同，更容易成长为组织骨干和中坚力量，更容易得到群众的认同。

小钰：大学生党员是身份的象征，入党时都需经过层层选拔，大学生党员在今后的工作岗位上可起到模范带头作用，对今后个人的成长很有帮助。

小雨：大学生入党时都要经过党课培训，在此期间可结识到很多志同道合的朋友，大家互相帮助，共同进步。

景大大：淡泊名利，提升修养，无论是否如愿入党，都要在有限的年华奉献自己、服务人民，实现个人价值与社会价值的统一。

问064：如何成为一名优秀的毕业生？

林上清风：要努力提升自己，全方位发展。

踏雪无痕：根据园区政府和学校鼓励毕业生到园区就业的政策意见，在评选优秀毕业生时，同等条件下优先考虑在园区就业、在校企合作企业实习和就业的同学。

小钰：胸怀梦想，找准目标，脚踏实地，努力为之奋斗。对得起自己，对得起社会，努力创造社会价值。

小雨：优秀毕业生要具备良好的理论知识能力、适应环境的能力、社会交际能力、语言表达能力、动手能力、竞争能力和沟通能力七大基

本素质和能力。

景大大：要想成为一名优秀毕业生，一定要提前做好大学规划，要有一个明确的目标，知道自己想要什么。要培养自信心，要敢于尝试。还要跟宿舍、班级同学等搞好关系。尽量多参加一些学校活动，增强实践能力。培养一些兴趣、爱好，丰富自己。

问 065：团支书和班长哪个权力大？

林上清风：两人都是班级的管理者，分工不同。团支书负责团内事物，班长负责班级事物。团支书的工作主要围绕党团展开，如团日活动、思想汇报、座谈会、团员发展、评优推荐、党员发展等；班长是班级各项工作的具体领导者、管理者和班级活动的组织者、开展者，事情多且繁杂。

踏雪无痕：大学班级有两个组织，一个是团支部，一个是班委会。班级团支部是共青团在学校中的最基层组织，团支部主要由团支书、组织委员、宣传委员等组成；班委会是班级综合管理的重要阵地，主要由班长、学习委员、生活委员、体育委员、心理委员等组成。

小钰：团支书和班长都是为班级同学服务的，在工作中要争取同学们的支持，开展工作时要从同学们的角度出发。

小雨：团性质为群众组织，班长为生产组织。二者性质不同，无法比较。

景大大：中国共产主义青年团江苏省委员会关于规范团组织的相关规定中，明确指出了团支部、团支书的工作职责和定位。请详细了解相关文件。

问 066：入党申请书有没有固定的格式？

林上清风：没有固定格式，入党申请书一般包括三个基本内容：一是入党的理由；二是自己的政治信念；三是对待入党的态度和决心。

踏雪无痕：入党申请书一定要由本人书面手写，并递交所在党组织，入党态度要端正。

小钰：写无定法，关键是入党态度要端正，内容要深刻。

小雨：大致格式主要包含：标题、称谓、正文、结尾、署名。

景大大：要紧密联系自己的实际，向党组织交心，切勿抄书、抄报、抄网络上的空洞的理论知识，不谈真实感想。

问 067：大学新生如何加快自己的思想进步？

林上清风：首先要加强基本理论知识的学习，尤其要学习习近平新时代中国特色社会主义思想，树立正确的世界观、人生观和价值观。

踏雪无痕：一个人对理想的追求越强烈，他的动力就越大；他追求的目标越明确，成功的概率就越大。思想境界的高低取决于一个人的世界观、人生观、价值观和阅历。

小钰：要使自己的思想进步并得到提升，首先，也是最重要的一点，就是遇到事情要多思考；其次，多看书，多学习，多实践；最后，还要养成对社会热点问题进行思考的习惯。

小雨：可以看看高规格的辩论比赛，培养自己的思辨能力，要有独立自由的思想。

景大大：多参加学校组织的各种讲座，既可以积累德育学分，又可以听到诸多大师带来的新思想、新认识。

问 068：大学里升学途径都有哪些？

林上清风：专转本、专接本、专升本。目前学校 2020 年专转本由 600 多人近三分之一以上学生超过省控线。

踏雪无痕：专科类院校同样可以培养出一流的学生。

小钰：先后有多名同学参加学校专接本项目后考取知名大学研究生，也有个别学生专科毕业工作两年后直接考研。

小雨：还有跟日本京都情报大学院大学、美国奥龙尼大学等合作的"3+2"专升硕等海外留学项目。

景大大：学校有很多诸如超星网络在线学校资源和直播课程，学生

足不出户，就可以享用名校名师等资源。

问069：对大学生自主创业，学校一般可以提供哪些政策支持？

林上清风：学生参加创新创业、社会实践等活动以及发表论文、获得专利授权等与专业学习、学业要求相关的经历和成果，可以折算为学分，计入学业成绩。具体办法由学校规定。学校应当鼓励、支持和指导学生参加社会实践、创新创业活动，可以建立创新创业档案，设置创新创业学分。

踏雪无痕：学校建设一批大学生创业示范基地。

小钰：休学创业或退役后复学的学生，因自身情况需要转专业的，学校应当优先考虑。

小雨：各高校要优化经费支出结构，多渠道统筹安排资金，支持创新创业教育教学，资助学生创新创业项目。

景大大：学校可以根据情况建立并实行灵活的学习制度。对休学创业的学生，可以单独规定最长学习年限，并简化休学批准程序。

问070：学校有哪些学生组织？

林上清风：学生会。学生会作为学校最大的学生自我管理组织，具有官方性和权威性。学生会机构分工合理，组织明确。

踏雪无痕：学生会是学生和老师之间联系的纽带，是学校日常教学工作的有力助手。在学生会最大的好处就是有机会独立组织活动，写策划、拉外联等。它为学生锻炼口才以及个人组织能力提供了一个良好的平台。

小钰：公益性社团，如环保组织、支教组织等，这类社团的主要活动是进行环保宣传、支教、去儿童村或养老院当志愿者等。参加这类社团的好处是培养社会责任感，寻找心灵的寄托，能交到志同道合的朋友。

小雨：学习型社团。这类社团包括英语角、考研组织、考证组织等，参加这类组织的最大好处就是能学到知识，及时了解到相关信息，等等。

景大大：休闲型社团。这类社团纯粹是为了培养兴趣而开设的，如乒乓球协会、羽毛球协会、骑行协会、摄影协会等。参加这类社团要看同学们自身的兴趣和经济能力了,因为参加这类社团活动需要交纳一定的费用。参加这类社团的好处是能培养兴趣、为将来的生活提供乐趣、能交到志同道合的朋友,如果成为组织者的话,能够锻炼能力,为进入社会做准备。

问071:如何选择和加入学校的社团?

林上清风:无论是基于兴趣还是基于人生历练,参加社团组织是一个不错的选择。但要冷静选择社团,要根据自己的兴趣、爱好做出选择。

踏雪无痕:大学生主要的任务是学习,不是参加的社团越多越好,要择需而入,不能草率和贪多。

小钰:大学新生参加社团活动贵在坚持,要全身心地投入你所参加的组织,你付出越多,收获也就越多。

小雨:要深入了解你所要加入的社团,不要轻信别人对社团的一家之言,要慎重选择社团。

景大大:大学生可根据自己的兴趣选择社团,也可根据今后所要从事的工作有针对性地选择社团。大学生在参加社团活动时要对自己有信心,做好社团工作,为社团服务。

问072:学校的社团有几类?加入社团有哪些好处?

林上清风:学生社团是校园文化的重要载体,是学校第二课堂不可或缺的组成部分,是学生培养兴趣爱好、扩大求知领域、陶冶思想情操、展示才华智慧的广阔舞台。

踏雪无痕:参加社团可以培养大学生自主学习的意识和能力,促进自身与社会的联系,培养自立、自理能力和团结协作精神。

小钰:学校的社团主要有五大类:理论学习型、专业学术型、志愿服务型、文学艺术型和体育健身型。

小雨:校级精品社团主要有:SISO龙舟队、小时代啦啦操队、礼仪社、国旗护卫队、青年志愿者协会等。

景大大：社团是学生自发成立的学生组织，学生才是社团的主人，学校团委和社团联合会支持、协调、配合和监督各社团开展活动。

问073：学校有哪些团组织？

林上清风：学校共青团组织有三个层次：校团委、院系团总支和班级团支部。

踏雪无痕：院系团总支书记通常由二级学院辅导员担任，同时还配有学生担任副书记一职。

小钰：学校每三年举办一次团代会和学代会，是广大团员、学生充分发挥参政议政、民主选举、建言献策等的重要平台和机会。

小雨：团代会和学代会由学生自己选出委员代表，组成新一届领导班子，组织开展工作。

景大大：校团委书记、副书记由学校老师担任，各委员由选出的老师或学生代表担任，统筹、领导、组织全校各级团组织、学生会、学生社团等活动的开展。

问074：学校有哪些学生党组织？

林上清风：学校党组织分为三个层次：学校党委、二级学院/行政机构党总支或支部（根据党总支成立的标准和党员规模）、各党支部或党小组。

踏雪无痕：根据学生党员数量的规模，并按照党支部设立的条件，成立学生党支部。目前全校独立设置的学生党支部有商学院第三党支部、信息工程学院学生党支部，其他的学生党员因数量和规模不大，暂时跟教工支部一起开展活动。

小钰：学生党员达7人以上的党支部要设立支部委员会，选举支部书记1人、委员2~3人。

小雨：学生党组织是党联系广大青年学生的桥梁和纽带，是开展大学生思想政治教育的重要力量。

景大大：学生党支部要充分履行职责，发挥学生党员的模范带头作用。

问 075：如何转移党团关系？

林上清风：团组织转移：新生团员关系转接需在"智慧团建"系统中进行网上转接。新生开学报到后，学院会进行审核。智慧团建的网址为 https://zhtj.youth.cn/zhtj/signin。联系人：林涛，电话：62932063。

踏雪无痕：党组织转移：需要在全国党员管理信息系统中进行网上转接，同时开具纸质版介绍信。纸质版介绍信抬头为"中共苏州工业园区服务外包职业学院委员会"。联系人：夏燕老师，电话：62932036。

小钰：新生入学报到时，将转移介绍信和党团关系档案、团员证等一并交给班主任老师。

小雨：每年缴纳团费后，团员证由学校统一进行注册。

景大大：升学的毕业学生团员，由学生与拟转本就读学校联系，确认"智慧团建"系统上的具体转入团组织名称，在"智慧团建"系统上申请毕业学生团员团组织关系转出；已落实工作单位（含自主创业）的毕业学生团员，由学生与工作单位联系，确认"智慧团建"系统上的具体转入团组织名称，将团组织关系转接至工作单位团组织；工作单位尚未建立团组织的，应转接至工作单位所在地的乡镇街道"学社衔接临时团支部"。

问 076：大学生毕业后出路都有哪些？

林上清风：若拟继续求学，可专转本、专接本、专升本、考研或留学等。

踏雪无痕：报考选调生、公务员，报考"大学生村干部"，踊跃报名参加"三支一扶"工作，到祖国大西部、苏北农村做志愿者，这些对专科毕业生都是不错的选择。

小钰：应征入伍。大学生参军越来越热，各种优惠政策力度越来越大，具体政策可以登录大学生应征入伍网上报名平台了解。网址为：http://www.gfbzb.gov.cn。

小雨：四项专项计划：一是大学生志愿服务西部计划；二是"三支一扶"计划；三是农村义务教育阶段特岗教师岗位计划；四是苏北计划和大学生村干部计划。

景大大：先就业，再择业。

问077：大学生参军入伍有哪些优惠政策？

林上清风：可以享受"四个优先"政策。

踏雪无痕：家庭按规定享受军属待遇。

小钰：可以享受优先选拔使用、学费补偿和国家助学贷款代偿、退役后考学升学优惠、就业服务等政策。

小雨：退役大学生士兵入学或复学后免修军事技能训练，直接获得学分。

景大大：高职（专科）学生应征入伍服义务兵役退役，在完成高职学业后参加普通本科专升本考试，实行招生计划单列。

问078：大学生如何报名参军？

林上清风：有意向的高校毕业生可在征兵开始之前登录"全国征兵网"报名。

踏雪无痕：填写《应届毕业生预征对象登记表》和《高校毕业生应征入伍学费补偿国家助学贷款代偿申请表》，交学校征兵工作管理部门。

小钰：高校应届毕业生可在学校所在地应征入伍，也可在入学前户籍所在地应征入伍。

小雨：到自己所在地的村委会处进行登记报名即可，如果你符合条件的话，村委会会派人来通知你。

景大大：了解自己的身体状况是否符合参军条件。若身体状况符合，可向学校征兵工作管理部门咨询，了解情况后再报名。

四、发展篇

问079：大学生参加面试有哪些技巧？

林上清风： 中国有句古话，知己知彼，方能百战不殆！充分了解招聘单位的信息，从公司历史到企业文化，从管理特色到发展状况，等等，在面试时就可拉近与面试官的距离，博得面试官的好感，增加自己被录用的概率。

踏雪无痕： 面试时男生着装以整洁大方、干净利落为原则，女生着装以庄重优雅为原则。面试时着装不可修饰过分，不要太标榜个性。

小钰： 面试时，完全可以把面试官当作自己的朋友，自信、坦诚、礼貌地与面试官交流。

小雨： 面试时，对于不会的问题，不要忽悠。会就会，不会就不会。对于实在不会的问题，除了承认自己不会以外，可以尝试着提出自己的替代解决思路。

景大大： 面试时态度要诚恳。

问080：勤工俭学的单位要求我上夜班，怎么办？

林上清风： 学校有很多勤工助学岗位，会不定期在网站上公布；若利用业余时间去校外兼职，本人须提交书面申请，填写《校外勤工助学申请表》、家长意见书和校外用工单位书面录用证明，经学生所在班班主任审核，报学生发展中心或者二级学院登记备案。

联系人：王淡菊老师，电话：62932062。

踏雪无痕： 一定要在安全有保障的情况下，才能去校外兼职，且在23点前要返回学校，学校于23点要锁宿舍大门。

小钰： 校外兼职尽可能安排在无课或周末等白天时间，更不要把所有业余时间都用来做兼职，要以学业为重。

小雨： 参加校外勤工助学活动，应遵守国家法律、法规和学院的各项规章制度，特别是学院的作息制度、宿舍管理办法、勤工助学办法，不得影响学院内教学、科研、生产和生活的正常秩序。

景大大：学生勤工助学应主要从事与专业学习相关的科技、智力、文化服务等工作。不能独立经商或与他人合作经商；不得参加高空作业；不得参加有严重污染、辐射等极易对人体造成伤害和危险的劳动；不得参加传销活动；禁止学生参加陪酒、陪舞等不利于学生健康成长的活动；禁止学生以勤工助学为名在校园内外出售、出租黄色书刊和音像制品或播放黄色录像；不得做有损学生形象和学院形象的事情。

五、情感篇

案例：

　　林某，女，22岁，林业专业三年级学生，学习刻苦，成绩优异，大一时曾被评为三好学生。随着年龄的增长，林某对异性的倾慕与日俱增，盼望早日有位白马王子出现。当她把自己的感情向本专业一男生诉说时，遭到了男生的婉言拒绝。寒假时，她忍不住又写了一封信寄至男生家里，但该男生已返校，他的哥哥便把这封信原封不动地"加快"转寄到学校来了，信到校后，同寝室的同学以为他家里出了什么事儿，便拆开了信，此事被公开。消息一出，原本内向、忧郁的她，心情更加沉重了，心里的矛盾也更大了，为此，她整天精神恍惚，萎靡不振，夜不能寐，觉得丢了面子，做了丢人的事。看见同学们在一起说笑，她就以为同学们在取笑自己，便上前去和同学们解释，可自己又说不明白，搞得满城风雨，由此经常剧烈头痛，胸中憋闷，度日如年，无法集中精力学习，最终产生了自杀念头。她吃了大量的安眠药。幸亏老师、同学们发现及时，将她送到校医院，才被抢救过来。

　　当求爱被拒绝后，林某一方面感到自己的行为有愧于父母，另一方面感到自尊心受到伤害，在同学中抬不起头，产生了焦虑、忧郁的情绪，甚至轻生自残。事实上她追求自己的爱情，向心中的恋人勇敢地讲出真心话，这是大胆追求美好生活的表现，并没有什么过失，更没有错，不应该自责。但是，爱情是相互的，每个人都有爱与不爱的自由，不能得到一个人的爱情，不等于失去所有异性的爱。

问081：想爸妈了，怎么办？

林上清风：交一个知心朋友，彼此倾诉，相互帮助，在家靠父母，出门靠朋友。

踏雪无痕：让自己的生活充实起来，忙起来的时候就不会那么想家了。

小钰：想父母的时候就给父母打个视频电话，等放假的时候好好陪陪父母。

小雨：要尽快适应新环境，父母不能陪自己一辈子，每个人都要长大。

景大大：把心思尽可能放在学习上，这样就可以分散思念之情。

问082：如何调节心理压力？

林上清风：正确评价自己，对自己的要求不要过高。

踏雪无痕：要坚定自己的立场，不能被他人左右。

小钰：多和他人沟通，及时倾诉自己感受到的无助和不快。

小雨：经常审视自身，要真正了解自己。

景大大：接受合理社会交际，扩大自己的交际范围。

问083：如何释放心理压力？

林上清风：可美美地饱餐一顿，既是对自己平时努力的犒劳，也可以暂时忘却烦恼，释放压力。

踏雪无痕：下课后，锻炼锻炼身体，打一场篮球、羽毛球比赛等，出一身汗，同时释放心理压力。

小钰：有时间出去旅游几天，看看风景，可以忘却烦恼，释放压力。

小雨：找知心朋友说出自己的烦恼，同时让朋友分析分析，心中的压力自然就得到了释放。

景大大：看一场喜剧电影，让自己开怀大笑一场，可以忘却烦恼。

问084：向对方表达爱意被拒绝，如何走出来？

林上清风：改变自身状态，丰富自己、提高自己。

踏雪无痕：放平心态，迟早会遇到合适的人。

小钰：不能自我否定，要慢慢从阴影中走出来。

小雨：做好自己就行，别人喜不喜欢你不是自己能决定的。

景大大：找要好的朋友寻求安慰。

问085：怎样才能获得美好的爱情？

林上清风：提升自己，才会在合适的圈子里遇到价值观相同的人。

踏雪无痕：你的性格和品行让你选择和什么样的人打交道，所以任何时候修炼自己最重要。

小钰：大学生的主要任务是学习，若遇到特别喜欢的人，也要共同成长，共同进步。

小雨：相互包容、相互理解、相互尊重、彼此相爱。

景大大：每个人都期望美好的爱情，但是美好的爱情是建立在两个既相互独立又美好的人之间的。

问086：如何消除嫉妒心？

林上清风：面对现实，认清差距，和自己比。

踏雪无痕：选择合适的比较对象。

小钰：试着接受客观事实，放下无谓的比较。

小雨：把嫉妒化为动力，提升自身修养。或做一些自己喜欢的事情，让自己的心境平和下来，这对克服嫉妒心理很有帮助。

景大大：确定自己的目标，努力提升自己。

问087：失恋了，怎么办？

林上清风：找自己信任的人倾诉。同时，冷静分析原因，若是自己

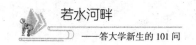

的原因，努力改变自己、提升自己；若是对方的原因，分开也许是最好的结果。

踏雪无痕：要懂得自我关怀，慢慢走出失恋的阴影。

小钰：保持冷静，不能做出过激的行为。

小雨：尝试改变自己，做一些其他的事情来分散注意力。

景大大：不能一直沉浸在悲伤中，要重新树立自信心，走出失恋的阴影。

问088：宿舍同学生活没有规律，想说又怕破坏融洽的关系，怎么办？

林上清风：可委婉地和同学们说说，协商解决问题。

踏雪无痕：保持自己的作息规律，和同学们商量好，大家都做一些退让。

小钰：学会换位思考，许多矛盾均可得到解决。

小雨：若不能改变别人，就改变自己。

景大大：同宿舍同学坐下来，好好协商一下，制定宿舍作息规律，大家共同遵守。

问089：学习压力大，经常焦虑，怎么办？

林上清风：大学对学生的要求比较严格，若大学生有几门课程考核不及格，就会面临失去学位甚至退学的危险，这给大学生造成了一定的心理压力。

踏雪无痕：建立正确而适度的学习标准，确立合适的抱负水平，避免由于期望值过高而造成过度的焦虑。

小钰：可找家人、朋友或老师倾诉一下，这种方法非常有效。一方面，对信赖的人倾诉自己的焦虑，这过程本身就是一种很好的调节，因为它让焦虑情绪得到了宣泄；另一方面，或许他们能给我们出出好点子呢。

小雨：制订良好的学习计划，并努力付诸实施，有效地提高学习成绩。

景大大：如焦虑严重且持续时间较长，则要寻求专业人士的帮助，进行心理咨询或心理治疗。

问090：如何理性地控制住自己的情绪？

林上清风：学会控制自己的情绪变化，坦然接受自身情绪状况并加以改进，做情绪的主人。

踏雪无痕：多读书，提高自身修养，适当的场合说适当的话，感觉拿不准的话就不要说。

小钰：要有积极乐观的心态。

小雨：和三观相同的人交朋友，建立和谐的人际关系。

景大大：学会理解他人的情绪和行为，同时反省自己。

问091：大学里有真正的爱情吗？

林上清风：人一生中的任何时候都会有真正的爱情，大学时代同样也不例外。

踏雪无痕：校园恋爱单纯、美好，没有太多的顾虑，不涉及太多的社会性问题。

小钰：大学里有真正的爱情，但有些大学生空虚、寂寞，只是希望找一个人陪伴，我们要认真对待爱情。

小雨：虽然大学里有真正的爱情，但学校不提倡大学生谈恋爱，因大学生学习负担重，心智也很不成熟，不知道真正的爱情是怎么样的。

景大大：有些大学生把爱情和友情混为一谈，要仔细区分开。

问092：真正的爱情是什么样的？

林上清风：两个人生活上相互扶持，事业上各有成就，才会有真正的爱情。

踏雪无痕：真正的爱情应该是两个人相敬如宾、相濡以沫，携手一路走下去。

小钰：真正的爱情要懂得欣赏对方、理解对方、信任对方、关爱对方。

小雨：真正的爱情是既能欣赏对方的优点，也能包容对方的缺点。

景大大：真正的爱情会让你越来越喜欢自己，喜欢生活，喜欢这个世界，而不是相反。

问 093：情侣就必须发生性行为吗？

林上清风：大学生刚刚成年，心智还很不成熟，若发生婚前性行为导致女生怀孕，对女方伤害较大。

踏雪无痕：情侣之间要多相互了解、相互帮助，建议大学生谈一场纯洁的恋爱吧。

小钰：大学里谈恋爱，很多对情侣因为现实的原因最后并没有走到一起，故不建议发生婚前性行为。

小雨："爱"和"性"是相辅相成的，情到浓时自然可能会有更亲密的交流，但这并不代表恋爱的目的就是为了发生性关系。

景大大：婚前发生性行为很不合适。

问 094：遇上了三角恋，怎么办？

林上清风：明确自己的心意，该放手的时候放手，免得伤人伤己。

踏雪无痕：说明对方爱你不深，或对方逢场作戏，建议果断拒绝，以防后患。

小钰：冷静思考，绝不做破坏别人幸福的第三者。

小雨：还是趁早离开吧，陷得越深，伤得越痛。

景大大：三角恋说明你喜欢的人不适合你，还是早点结束，寻找下一位吧，重新开始美好的人生。

问 095：异性朋友如何相处？

林上清风：异性朋友相处时要保持底线，尊重对方。

踏雪无痕：在思想上和行为上要分清友谊和爱情的界限，尽量不要

五、情感篇

单独相处。

小钰：男女同学之间可以建立纯正的友情，但一举一动要大方得体，不能过于随便。

小雨：异性朋友相处要保持适当的距离。

景大大：只要心怀坦荡，可以和异性堂堂正正地交朋友。

问096：暗恋不敢表白，怎么办？

林上清风：可创造机会，让对方注意到你。若对方也很乐意和你交往，待机会合适，可以向对方表明心意。

踏雪无痕：相信自己，勇敢地说出来，即使失败了，也不留遗憾。

小钰：先得明白自己的心意，再去试探对方的心意。

小雨：无论结果如何，勇敢地跨出这一步，以后回想起来也不至于后悔。

景大大：说不定对方也喜欢你，只是还没有找到合适的机会表白。其中一个人先说出口，也未尝不是一件好事，这就促成了一段爱情。

问097：学业和爱情能一起兼顾吗？

林上清风：如果把爱情看作是学习的动力，鼓励对方好好学习，两者就能兼顾了。

踏雪无痕：可以啊，还能从恋爱中找到自信。

小钰：学习和爱情可以两不误，只要你时刻知道以学业为主就可以了。

小雨：可以，爱情能给人带来更大的动力。

景大大：可以，两人一起学习会进步得更快。

问098：大学同学之间的感情没有中学同学之间的感情真挚，对吗？

林上清风：大学生越来越成熟，有少部分大学生越来越虚伪，面具也越来越多，故让人感觉大学同学之间的感情没有中学时那么单纯。

其实大多数大学生之间的感情还是真挚的。

踏雪无痕：不对。因中学同学在固定的教室上课，每天都能见面；而大学同学每人所选课程不一样，所选课程任课老师也不一样，即使同一专业的同学，也经常几天都见不到对方。故感觉大学同学之间的感情淡泊。

小钰：大学生不在一起上课，各人的关注点也不完全相同，而中学生关注点基本相同，都是为了升入高等学府深造，故有更多的共同话题。

小雨：大学同学来自五湖四海，文化差异较大，家庭背景也可能相差很大；而中学同学来自同一地区，大家有共同的教育背景，故彼此更谈得来。当然，大学里也有很多志同道合的朋友。

景大大：进入大学校园，学生独立性强，导致自我意识更强，所以人与人彼此间的距离就更大一些。

问099：如何拒绝别人对你的告白？

林上清风：告诉对方，你已经有男朋友或者女朋友了。

踏雪无痕：告诉对方，你很优秀，但是我配不上你。

小钰：告诉对方，现在还年轻，不适合谈恋爱。

小雨：告诉对方，两人性格不合，或面临的困难很多，不适合在一起。

景大大：告诉对方，我现在的重点是学习，怕谈恋爱影响学习。

问100：大学生可以结婚，这是真的吗？

林上清风：大学生可以结婚，只要双方达到法定年龄，满足结婚的条件，这是法律赋予公民的权利。

踏雪无痕：可以结婚，但学校不提倡在校大学生结婚。因学校是学习的场所，大学生不具备结婚的物质条件。

小钰：虽然可以结婚，但婚姻不比恋爱，需要考虑的外在因素很多。

小雨：大学生普遍心智还未成熟，对婚姻的责任和义务理解不深，若仓促步入婚姻的殿堂,往往会带来心灵上的伤害。

景大大:大学是人生学习的黄金时期,学习压力较大,草率结婚,会影响学业,不鼓励大学生结婚。

问 101:和父母有代沟,怎么办?

林上清风:父母和我们的生长环境不一样,对事情的看法有时会不一样,有代沟是正常的,但可试着从他们的角度出发,换位思考,代沟并不是阻碍沟通的理由。

踏雪无痕:随着年龄的增长,我们更加羞涩于表达对父母的爱,做子女的应主动和父母说一说你最近发生的有趣的事情,主动承担一些家务,慢慢地你就能明白父母的责任,父母也觉得你长大了,我们就能和父母有更多共同的话题。

小钰:有时会有这种情况出现,但是我还是会很耐心地和父母聊一聊学习、生活上的事情。

小雨:父母阅历丰富,他们看问题往往比较透彻,而我们总认为自己长大了,有时任性行事,我们要尊重父母的想法,认真考虑父母的意见,这样我们可以少走弯路。有时父母与子女之间的代沟是由于子女看问题失之偏颇所致。

景大大:双方的角度不同,导致观念不同,试着换位思考,就能更好地理解对方,也就能和父母很好地沟通。

附 录

一、苏州篇

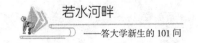

若水河畔
——答大学新生的 101 问

问 001：苏州有多少年的历史？

答：史书记载，公元前 514 年吴王阖闾命楚国叛将伍子胥在此筑阖闾城，那就是苏州城的开始，距今已有 2 500 多年的历史了。

问 002：苏州有哪些美称？

答：苏州因其从古至今繁荣发达、长盛不衰的文化和经济，被誉为"人间天堂"，素有"丝绸之都（丝绸之府）""园林之城"的美誉。又因其小桥流水人家的水乡古城特色，而有"东方威尼斯""东方水都（东方水城）"之称。

问 003：苏州有哪些别称？

答：在史书、文章、诗词中，人们常用"吴"来代指苏州，如吴都、吴宫、吴苑、吴地。现简称为苏，又称姑苏、吴中、平江、吴门。

问 004：吴文化的起源是什么？

答："吴"的形成：太伯、仲雍在荆蛮之地与当地的土著人为伍，受到当地人的爱戴，于是成立了"勾吴"国，这就是"吴"的形成。"吴"与"鱼""吾""无"同音，与吴地语音相似，最早这个"吴"字出现在甲骨文和金文中，当时以鱼的形状出现。太伯、仲雍的南奔同时带来了中原文化，与当地的土著文化相结合，形成了一种新的文化体系，即吴文化。

问 005：是谁修筑了苏州古城？

答：据史籍记载，公元前 10 世纪前后，在苏州一带逐渐形成了一个隶属周王朝的自命为"句吴"的诸侯国，即吴国，故苏州至今仍称"吴"。都城位于今无锡境内梅里，距今天的苏州市区不远。公元前 560 年，诸樊为吴王，把都城迁到了苏州，苏州开始成为这一带的政治、经济、军事和文化中心。公元前 514 年，吴王夫差的父亲阖闾命楚国叛将伍子胥建阖闾城，春秋时期是吴国的都城，因城西南有姑苏山得名，故苏州又称姑苏城。一般都认为姑苏城是伍子胥主持修建的。

问 006：苏州现在有多少常住人口？

答：苏州人口规模平稳增长。2019 年年末全市常住人口 1075 万人，比上年增长 0.3%；其中城镇人口 827.7 万人，城镇化率达 77%，比上年提升 0.9 个百分点。年末户籍人口 722.6 万人，户籍人口出生率 8.68‰，户籍人口自然增长率 2.37‰。

问 007：2019 年苏州的 GDP 总量是多少？

答：2019 年，苏州全市实现地区生产总值 19235.8 亿元，按可比价计算比上年增长 5.6%。根据抽样调查，全市常住居民人均可支配收入 60109 元，比上年增长 8.4%，城镇居民人均可支配收入 68629 元，同比增长 8.1%，农村居民人均可支配收入 35151 元，同比增长 8.4%，居江苏省之冠。

问 008：苏州的行政区是如何划分的？

答：截至 2019 年 12 月，苏州市下辖 6 个区和 4 个县级市，分别是：姑苏区、虎丘区（与高新区合并）、吴中区、相城区、吴江区、工业园区。县级市有：常熟市、张家港市、昆山市、太仓市。

问 009：苏州精神是什么？

答：崇文睿智，开放包容，争先创优，和谐致远。

问 010：苏州的市花是什么花？

答：苏州市的市花是桂花，当地人也称之为木樨花。苏州人将桂花

看作是友好、吉祥和幸福的象征，喜爱桂花历史悠久。从 1982 年起，苏州市将桂花定为市花。

问 011：苏州有哪些著名的园林？

答：苏州现有拙政园、留园、狮子林、沧浪亭、环秀山庄、艺圃、耦园、网师园、退思园、怡园、五峰园、惠荫园等著名的园林。

问 012：苏州园林有哪些特色？

答：苏州园林的特色之一是宅园合一，可赏，可游，可居，这种建筑形态的形成，是在人口密集和缺乏自然风光的城市中，人类依恋自然、追求与自然和谐相处、美化和完善自身居住环境的一种创造。

问 013：苏州有哪些园林被联合国教科文组织列入《世界遗产名录》？

答：拙政园、留园、网师园、环秀山庄、沧浪亭、狮子林、艺圃、耦园、退思园等 9 个古典园林分别于 1997 年 12 月和 2000 年 11 月被联合国教科文组织列入《世界遗产名录》。

问 014：苏州有哪 15 个中国历史文化名镇？

答：昆山市周庄镇、吴江区同里镇、吴江区震泽镇、吴江区黎里镇、吴中区甪直镇、吴中区木渎镇、太仓市沙溪镇、昆山市千灯镇、昆山市锦溪镇、常熟市沙家浜镇、吴中区东山镇、张家港市凤凰镇、常熟市古里镇、吴中区光福镇、昆山市巴城镇。

问 015：苏州有哪些街获得"中国首批十大文化名街"称号？

答：平江路、山塘街。

附录：一、苏州篇

问 016：苏州有哪些村被列入中国历史文化名村？

答：吴中区东山镇的陆巷村、杨湾村、三山村，西山镇的明月湾村，金庭镇的东村。

问 017：苏州现有多少个城门？

答：胥门、阊门、平门、齐门、娄门、相（匠）门、蛇门、盘门、金门共 9 个。

问 018：描写苏州的古诗词有哪些？

答：李白的《乌栖曲》《苏台览古》，张继的《枫桥夜泊》，杜荀鹤的《送人游吴》，刘禹锡的《别苏州二首》，常建的《题破山寺后禅院》，白居易的《城上夜宴》《别苏州》，贺铸的《青玉案·凌波不过横塘路》，王安石的《泊舟姑苏》，杜牧的《渡吴江》，柳永的《木兰花慢·拆桐花烂漫》，范成大的《四时田园杂兴》等。

问 019：苏州历史上有哪些名人？

答：泰伯、阖闾、陆逊、陆机、陆龟蒙、范成大、范仲淹、沈万山、唐伯虎、文徵明、王鏊、冯梦龙、顾炎武、翁同龢、柳亚子、叶圣陶、贝聿铭、苏童、费孝通、李政道、陈艳青等。

问 020：苏州有哪些有名的景点是免费的？

答：山塘街、平江路、斜塘老街、木渎古镇、灵岩山、金鸡湖、独墅湖、苏州博物馆、甪直古镇、观前街等。

问 021：苏州有哪些值得一游的山景？

答：穹窿山、阳山、洞庭西山、横山、洞庭东山、常熟虞山、光福潭山、光福玄墓山、天平山、灵岩山、天池山、渔洋山、狮子山等。

问 022：苏州有哪 16 大美丽的湖泊？

答：太湖、金鸡湖、阳澄湖、独墅湖、石湖、青剑湖、尹山湖、盛泽荡、春申湖、澄湖、同里湖、尚湖、昆承湖、金仓湖、暨阳湖、傀儡湖。

问 023：苏州的太湖石有什么特点？

答：皱、漏、瘦、透。

问 024：苏州拥有"江南四大名石"中的哪几块？

答：留园的冠云峰、苏州第十中学的瑞云峰。

问 025：苏州园林里最大的黄石假山在哪里？

答：耦园（江苏省苏州市姑苏区小新桥巷 7 号），网址：http://www.szouyuan.com/。

问 026：苏州最有名的民国建筑群在哪里？

答：同德里、同益里、松筠里。

问 027：苏州有哪些著名的标志性建筑？

答：苏州博物馆、东方之门、苏州科技文化中心、瀑布大楼等。

苏州博物馆：位于苏州市东北街 204 号，网址：http://www.szmuseum.com/。

东方之门：位于苏州市工业园区星港街 199 号。

文化艺术中心：位于苏州工业园区观枫街 1 号，网址：http://www.sscac.com.cn/。

瀑布大楼：位于苏州相城区嘉元路 698 号。

问 028：苏州有哪些博物馆？

答: 苏州博物馆、苏州革命博物馆、苏州丝绸博物馆、苏州园林博物馆、苏州美术馆、苏州状元文化博物馆、苏州戏曲博物馆、苏州国宝钱币博物馆、苏州市规划展示馆、苏州市名人馆、苏州碑刻博物馆等。

问 029：苏州的最高峰是哪座山峰？

答： 穹窿山的箬帽峰，海拔 341.7 米。位于苏州市吴中区兵圣路穹窿山麓。网址：https://m.cncn.com/jingdian/4647。

问 030：在苏州欣赏"红枫漫天"的最佳景点在哪里？

答： 天平山、拙政园、中国花卉植物园等。

问 031：在苏州欣赏"梅花漫天雪"的最佳景点在哪里？

答： 光福的香雪海、西山的林屋洞、白马涧、太湖园博园、大阳山国家森林公园、东山的雨花胜境等。

问 032：在苏州欣赏"千树万树梨花开"的最佳景点在哪里？

答： 树山生态村、西山岛甪里古村、光福漫山岛。

问 033：在苏州哪里能欣赏到"秋来银杏黄"的美景？

答： 定慧寺古银杏（苏州姑苏区凤凰街定慧寺巷 118 号）、文昌阁古银杏（苏州市平江区郊浒墅关兴贤桥南大运河西岸土丘上）、万佛寺古银杏（苏州市虎丘区镇湖镇西京村东城路）、保圣寺古银杏（吴中区甪直镇西汇上塘街 19 号）、圆通寺古银杏（苏州市吴江区体育路 1366 号）、孔庙古银杏（苏州市沧浪区人民路 635 号）。另外，苏州大学天赐庄校区、道前街、西山也是欣赏银杏秋叶黄的好地方。

问 034：苏州有哪些特产?

答：碧螺春茶叶、长江刀鱼、太湖银鱼、阳澄湖大闸蟹等。

问 035：苏式招牌菜有哪些?

答：松鼠桂鱼、响油鳝糊、蟹粉蹄筋、清熘虾仁、余糟、母油整鸡、太湖莼菜汤、雪花蟹斗、樱桃肉、酱汁肉、熏鱼、（鱼巴）肺汤、三件子、蜜汁火方、暖锅、枣泥拉糕等。

问 036：苏州的美食街在哪里?

答：太监弄、十全街、学士街、李公堤、凤凰街等，碧凤坊、李公堤等为中国餐饮文化名街。

问 037：苏州有哪些美食?

答：太湖梅鲚、太湖白虾、采芝斋糖果、松鼠桂鱼、阳澄湖大闸蟹、叫花鸡等。

问 038：苏州有哪些有名的苏式小吃?

答：焐酥豆糖粥、桂花鸡头肉、桂花焐熟藕、蜜汁豆腐干、桂花糖山芋、蟹粉烧卖、鸡冠三角饺、四喜蒸饺、荷花馒头、半紧酵小笼等。

问 039：苏州的"水八仙"是指哪八样?

答：茭白、莲藕、水芹、芡实（鸡头米）、茨菰（慈姑）、荸荠、莼菜、菱八种水生植物。

问 040：苏州的"太湖三白"指的是哪三白?

答：白鱼、银鱼、白虾。

问 041：苏州有哪些大型图书馆？

答：对公众开放的图书馆有苏州图书馆、独墅湖图书馆和吴中区图书馆、苏州第二图书馆、常熟图书馆等。

苏州图书馆：位于苏州市姑苏区人民路 858 号。
独墅湖图书馆：位于江苏省苏州市仁爱路 258 号。
吴中区图书馆：位于吴中区东苑路 350 号。
苏州第二图书馆：位于苏州市相城区广济北路 2383 号。
常熟图书馆：位于常熟市书院街 27 号。

问 042：苏州有哪些大型体育场馆？

答：2 个市级体育中心：苏州市体育中心和苏州奥林匹克体育中心。

苏州市体育中心：苏州市三香路 1131 号，建筑规模恢宏壮观，地理环境十分优越，水陆交通四通八达，通信网络纵横交错，绿化覆盖连体成荫，文化气息清馨浓郁，艺术雕塑仪态万方，体育文化设施齐全，配套服务应有尽有，商流物流人流密集。

苏州奥林匹克体育中心：苏州工业园区中新大道东 999 号，总建筑面积约 35.8 万平方米，是一个集体育竞技、休闲健身、商业娱乐、文艺演出于一体的多功能生态型的甲级体育中心，包含一场（体育场）、二馆（体育馆、游泳馆）等体育建筑以及苏体广场和室外体育公园等配套商业和休闲娱乐设施。

问 043：苏州有哪些繁华的商业街区？

答：观前街、石路、南门、园区印象城、久光百货、苏州中心等。

问 044：苏州有哪些"人类口头和非物质文化遗产"？

答：昆曲、古琴艺术之虞山派、中国蚕桑丝织技艺之苏州宋锦、中国蚕桑丝织技艺之苏州缂丝、端午节之苏州端午习俗、传统木结构营造技艺之苏州香山帮传统建筑营造技艺。

问045：苏州的昆曲有哪些经典曲目？

答：《牡丹亭》《窦娥冤》等。

《牡丹亭》：也称《牡丹亭还魂记》(《还魂梦》或《牡丹亭梦》)，是明代剧作家汤显祖创作的传奇（剧本），刊行于明万历四十五年（1617年）。该剧是中国戏曲史上杰出的作品之一，与《崔莺莺待月西厢记》《长生殿》《桃花扇》合称中国四大古典戏剧。

《窦娥冤》：《窦娥冤》是元代戏曲家关汉卿的杂剧代表作，也是元杂剧悲剧的典范。

问046：苏州有哪些传统民俗节？

答：玄妙观迎财神（农历正月初五）、甪直水乡服饰文化节（一般在每年4月举办）、南浩街神仙庙会（一般在每年5月举办）、虎丘庙会（一般在每年9—10月举办）。

问047：苏州有哪些花树节？

答：西山太湖梅花节（一般在每年3月上旬举办）、虎丘花会（一般在每年3—5月举办）、拙政园杜鹃花节（一般在每年3—6月举办）、拙政园荷花节（一般在每年7—8月举办）、苏州天平红枫节（中国三大观枫地之一，一般在每年11月举办）。

问048：苏州现有多少条地铁线？

答：苏州已开通1号线、2号线、3号线、4号线、4号线支线，总长166千米。另外，在建线路共5条，分别是5号线、6号线、7号线、8号线、S1线。

问 049：苏州有哪些红色旅游景点？

答：沙家浜芦苇荡风景区、新四军太湖游击队纪念馆、苏州革命博物馆等。

问 050：苏州有哪些本科和大专类院校？

答：本科类高校：苏州大学、苏州科技大学、常熟理工学院、西交利物浦大学、昆山杜克大学、江苏科技大学张家港校区、中国人民大学苏州校区、东南大学苏州校区、中国人民解放军战略支援部队信息工程大学昆山教学点。另外，南京大学苏州校区预计2021年开始招生。大专类院校：苏州工艺美术职业技术学院、苏州职业大学、沙洲职业工学院、苏州经贸职业技术学院、苏州工业职业技术学院、苏州卫生职业技术学院、苏州农业职业技术学院、苏州工业园区职业技术学院、苏州健雄职业技术学院、苏州信息职业技术学院、苏州工业园区服务外包职业学院、苏州幼儿师范高等专科学校、硅湖职业技术学院、苏州托普信息职业技术学院、昆山登云科技职业学院、苏州百年职业技术学院、苏州高博软件技术职业学院。

二、园区篇

问051：苏州工业园区是什么时候开建的？

答：1994年2月经国务院批准设立，同年5月实施启动。

苏州工业园区隶属江苏省苏州市，位于苏州市城东，1994年2月经国务院批准设立，同年5月实施启动，行政区划面积为278平方千米（其中，中新合作区80平方千米），是中国和新加坡两国政府间的重要合作项目，被誉为"中国改革开放的重要窗口"和"国际合作的成功范例"。

问052：苏州工业园区总产值多少？

答：2019年，苏州工业园区共实现地区生产总值2 743亿元，公共财政预算收入370亿元，进出口总额871亿美元，社会消费品零售总额543亿元，城镇居民人均可支配收入超7.7万元。

问053：苏州工业园区有多少人口？

答：2019年年末，苏州工业园区拥有户籍人口57.6万，流动人口74.55万，其中常住人口115.12万。民族以汉族为主。

问054：苏州工业园区下面有哪些行政区划？

答：苏州工业园区下辖4个街道、4个社工委：娄葑街道、斜塘街道、唯亭街道、胜浦街道及湖西社工委、湖东社工委、东沙湖社工委、月亮湾社工委。

问055：苏州工业园区的"园区经验"是什么？

答：借鉴、创新、圆融、共赢。

借鉴：借鉴新加坡经验，园区投入3 000多万元巨资从高水平规划起步，由中新双方专家联合编制了第一版总体规划。

创新："先规划后建设、先地下后地上"、九通一平的高标准基础设施……几乎成为全国开发区遵循科学开发规律的范本。

附录：二、园区篇

圆融：这里以规划引领城市建设发展全领域、全过程。在预留"白地"（未明确今后土地用途的空地）、"灰地"（未来可以改变土地使用性质的地块）、"弹性绿地"（可开发或可不开发的绿地）的基础上，细化刚性约束，不因迁就开发商和项目而任意变更规划，避免反复折腾"翻烧饼"。

共赢：不仅为投资者营造了可预见的、低风险的投资环境，而且保证了城市建设的高水准、高品质。

问056：苏州工业园区有哪些景点？

答：金鸡湖景区、独墅湖、李公堤、草鞋山遗址、白塘生态植物园、重元寺、阳澄湖半岛等。

金鸡湖景区：金鸡湖景区位于苏州工业园区，国家5A级旅游景区，全国唯一的"国家商务旅游示范区"的集中展示区。景区拥有八大景观，如世界第一天幕、亚洲最大水上摩天轮、水墨长堤李公堤等。景区总面积11.5平方千米，打造文化会展区、时尚购物区。

问057：苏州工业园区科教创新区内有哪些高校和科研院所？

答：中国科学技术大学苏州研究院、西安交通大学苏州研究院、南京大学苏州研究生院、苏州百年职业学院、苏州大学、东南大学苏州研究院、西交利物浦大学、中国人民大学国际学院（苏州研究院）、四川大学苏州研究院、苏州工业园区服务外包职业学院、苏州工业园区职业技术学院等。

问058：苏州工业园区在全国开发区的地位如何？

答：在商务部公布的国家级经开区综合考评中，苏州工业园区连续四年（2016年、2017年、2018年、2019年）位列第一，在国家级高新区综合排名中位列第五，并跻身科技部建设世界一流高科技园区行列，2018年入选江苏省改革开放40周年先进集体。

问 059：苏州工业园区入驻了哪些世界五百强企业？

答：美国高特丽集团的纳斯贝克食品（苏州）有限公司、美国百得集团的百得（苏州）有限公司、美国礼来制药公司的礼来苏州有限公司、法国莱雅集团的苏州尚美国际化妆品有限公司、英国BP公司的苏州碧辟液化石油气有限公司、德国ZF集团采埃孚传动技术（苏州）有限公司等。

问 060：苏州自贸区覆盖了苏州工业园区哪些核心区域？

答：苏州自贸区覆盖了苏州工业园区的高端制造与国际贸易区、独墅湖科教创新区、阳澄湖半岛旅游度假区、金鸡湖商务区的核心区域。

问 061：苏州工业园区有哪些创新类头衔？

答：中国首个中外合作开发区项目、中国首个开展开放创新综合试验区域、中国首批国家级相对集中行政许可权改革试点地区、中国首创充分授权的一站式服务体系、中国首个空陆联程快速通关模式——"SZV"虚拟空港模式、中国首个保税物流中心（B型）、中国首个内陆型综合保税区、中国首个检验监管综合改革试验区、中国首批智慧城市试点、中国首批国家知识产权投融资试点园区、中国首个以邻里中心为特点的社区商务模式等。

三、学校篇

问 062：苏州工业园区服务外包职业学院是哪一年建立的？

答：2008 年筹建，2010 年正式建校。

问 063：苏州工业园区服务外包职业学院的"外包"是什么意思？

答：外包是指企业动态地配置自身和其他企业的功能和服务，并利用企业外部的资源为企业内部的生产和经营服务。外包是一个战略管理模型，所谓外包（Outsourcing），在讲究专业分工的 20 世纪末，企业为维持组织竞争核心能力，且因组织人力不足的困境，可将组织的非核心业务委托给外部的专业公司，以降低营运成本，提高品质，集中人力资源，提高顾客满意度。外包业是新近兴起的一个行业，它给企业带来了新的活力。

问 064：苏州工业园区服务外包职业学院的办学宗旨是什么？

答：为产业办教育。

问 065：苏州工业园区服务外包职业学院的办学理念是什么？

答：顺进化之理，应未来之需。

问 066：苏州工业园区服务外包职业学院的校训是什么？

答：尚同于学，尚礼于人。

问 067：苏州工业园区服务外包职业学院倡导什么样的校风？

答：奉献、创新、合作、行动。

附录：三、学校篇

问 068：苏州工业园区服务外包职业学院倡导什么样的学风？

答：笃学致用，求实创新。

问 069：苏州工业园区服务外包职业学院共有多少名教师？

答：近 300 人。

问 070：苏州工业园区服务外包职业学院的学生规模有多少？

答：全校共计 5 000 余人。

问 071：苏州工业园区服务外包职业学院的占地面积多大？

答：424 亩（1 亩 = 666.666 平方米）。

问 072：苏州工业园区服务外包职业学院各大楼名称是如何得来的？

答：苏州名人集。

问 073：苏州工业园区服务外包职业学院有哪些二级学院？

答：信息工程学院、生物科技学院、人工智能学院、金融科技学院、商务管理学院、数字艺术学院、成人教育学院、国际学院。

问 074：苏州工业园区服务外包职业学院有哪些二级行政部门？

答：事业发展中心、事务保障中心、学生发展中心、教学服务中心、学术研究中心、合作交流中心、党群工作部、思政部、保卫部、体育部。

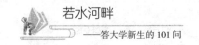

问 075：苏州工业园区服务外包职业学院开设哪些专业？

答：开设了软件技术、计算机网络技术、移动通信运营与服务、嵌入式技术与应用、生物信息技术与应用、微电子技术、金融管理与实务、会计与审计、资产评估、商务管理、商务日语、物业管理、采购供应管理、动漫设计与制作、多媒体设计与制作 15 个专业 34 个方向。

问 076：苏州工业园区服务外包职业学院管理学生学籍的是哪个部门？

答：教学服务中心（A701 室）。

问 077：苏州工业园区服务外包职业学院办理学生户口迁转的是哪个部门？

答：保卫部（D 楼一楼）。

问 078：苏州工业园区服务外包职业学院提供困难补助和勤工俭学服务的是哪个部门？

答：学生发展中心（C104 室）。

问 079：苏州工业园区服务外包职业学院负责提供学生创业服务的是哪个部门？

答：学生发展中心（C104 室）。

问 080：苏州工业园区服务外包职业学院负责指导学生就业的是哪个部门？

答：学生发展中心（A103 室）。

附录：三、学校篇

问 081：苏州工业园区服务外包职业学院心理咨询中心位于哪幢楼？

答：C 楼 2 楼北侧，负责人：刘好贤，咨询电话：62932088，邮箱：liuhx@siso.edu.cn。

问 082：被偷、被骗后应该找哪个部门报案？

答：保卫部，副部长：武红阵，咨询电话：62932082，邮箱：wuhz@siso.edu.cn。

问 083：学生宿舍设施设备损坏后，应该找哪个部门报修？

答：事务保障中心，副主任：李德彬，咨询电话：62932291，邮箱：lidb@siso.edu.cn。

问 084：发现食堂饭菜有问题，应该找哪个部门投诉？

答：事务保障中心，负责人：顾华，咨询电话：62932202，邮箱：guh@siso.edu.cn。

问 085：苏州工业园区服务外包职业学院有哪些学生组织？

答：团委、学生会、学生社团，副主任：林涛，电话：62932063，邮箱：lint@siso.edu.cn。

问 086：学生社团由哪个部门负责、管理和指导？

答：党群工作部，负责人：朱艳，电话：62932642，邮箱：zhuy@siso.edu.cn。

问087：苏州工业园区服务外包职业学院有哪些学生社团？

答：学生会、大学生艺术团、龙舟队、青年志愿者协会、礼仪社、科协、膳委会。

问088：大学生如何申请加入学生社团？

答：每年新生入学后，各社团会开展招新活动，届时可以报名。

问089：大学生如何给饭卡充值？

答：在支付宝"校园生活"中搜索一卡通充值，充值成功后前往校内POS机圈存。

问090：苏州工业园区服务外包职业学院邮寄快件地址在哪里？

答：学生宿舍5号楼负一楼。

问091：苏州工业园区服务外包职业学院校内理发店在哪里？

答：学生宿舍5号楼负一楼。

问092：苏州工业园区服务外包职业学院每年都有哪些重大学生活动？

答：文化艺术节、校园十佳歌手大赛、金话筒大赛、团风采大赛、膳食美食节等。

问093：大学生如何办理请假手续？

答：在腾讯企业微信中的办事大厅中填写学生请假申请，等相关部门批准后，就算请假成功了。

附录：三、学校篇

问094：大学生如何办理休学手续?

答：休学学生应当经学院同意，再经学生发展中心批准，最后到学校教学服务中心学籍管理老师处办理相关手续，学校保留其学籍。学生休学期间不享受在校学生待遇。因病休学学生的医疗费按国家及当地的有关规定处理。

问095：大学生咨询参军入伍政策，应该找学院哪个部门?

答：党群工作部，副主任：林涛，电话：62932063，邮箱：lint@siso.edu.cn。

问096：苏州工业园区服务外包职业学院医务室在哪里?

答：学生宿舍5号楼西侧一楼，负责人：章士凤，电话：62932207，邮箱：zhangsf@siso.edu.cn。

问097：当你对学院一些做法和规定有异议时，应该到哪里投诉?

答：可投诉到校长信箱、纪委信箱、腾讯企业微信中的"投诉与申述"模块。

问098：大学生如何申请校内勤工助学岗位?

答：在腾讯企业微信中的办事大厅中填写勤工俭学申请表。

问099：苏州工业园区服务外包职业学院会给予学生哪些补贴和补助?

答：水电费补助、贫困生补助、励志奖学金等。

问 100：苏州工业园区服务外包职业学院有哪些校内勤工俭学岗位？

答：党务工作助理、新媒体助理、行政档案助理、财务助理、招生助理、社团管理助理等。

问 101：大学生必须加入哪几个群？

答：所在班级群、学院相关群、学校企业微信。